翻译学论丛

设计学视阈下的学术翻译研究

孙志祥 谢瑜 著

苏州大学出版社
Soochow University Press

图书在版编目(CIP)数据

设计学视阈下的学术翻译研究 / 孙志祥, 谢瑜著. —苏州: 苏州大学出版社,2021. 11
(翻译学论丛)
ISBN 978-7-5672-3721-6

Ⅰ. ①设… Ⅱ. ①孙…②谢… Ⅲ. ①学术-英语-翻译-研究 Ⅳ. ①H315. 9

中国版本图书馆 CIP 数据核字(2021)第 219977 号

书 名: 设计学视阈下的学术翻译研究

著 者: 孙志祥 谢 瑜
责任编辑: 汤定军
策划编辑: 汤定军
装帧设计: 吴 钰

出版发行: 苏州大学出版社(Soochow University Press)
社 址: 苏州市十梓街 1 号 邮编: 215006
印 刷: 江苏凤凰数码印务有限公司
网 址: www. sudapress. com
E - mail: tangdingjun@ suda. edu. cn
邮购热线: 0512-67480030
销售热线: 0512-67481020

开 本: 700 mm×1 000 mm 1/16 印张: 13. 25 字数: 191 千
版 次: 2021 年 11 月第 1 版
印 次: 2021 年 11 月第 1 次印刷
书 号: ISBN 978-7-5672-3721-6
定 价: 58. 00 元

目　录

第二部分　设计学之于翻译学的启迪

第一章 绪 论

说起学术翻译，我们往往会联想到纷繁复杂的各学科领域的翻译。设计学本身就已经是一个非常复杂的复合学科了，为何要选择从设计学视阈研究学术翻译呢？坦率地讲，笔者深知，选择讨论设计学术翻译，并从设计学的角度反观翻译及翻译研究中的一些现象和问题，是一项莫大的挑战，但无疑也是笔者深思熟虑后的选择。

第一节 设计与翻译之间的渊源

无论是在基本认识上，还是在研究方法和发展历程上，设计与翻译都具有很多相似之处。当然，尽管设计学领域的学术翻译系统研究迄今仍是一块有待开发的处女地，但是相关学者在其他学术领域的辛勤耕耘为设计学领域的学术翻译研究提供了坚实的基础，这些学术翻译的涉猎领域包括翻译学（任东升、王芳，2020；吴苌弘、傅敬民，2019；刘润泽，2015/2017；黄忠廉、杨荣广，2015；屠国元、汪璧辉，2014；吴文安，2014；王祥兵、穆雷，2013；朱灵慧，2011）、法学（胡波、董晓波，2020；陈玺、景倩倩，2018；穆可娟，2015）、民族学（梁艳君、马慧芳，2015）、政治学（魏向清，2019/2018；蒋开召、刘略昌，2019；卿学民，2018；高放，2017；闫健，2016；陈岳等，2013）、文化学（魏向清，2018；张亚权，2015/2005）、哲学（王路，2019；安乐哲、张琳，2017）、经济学（冯婷婷、孙智帅，2018；黄立波、朱志瑜，2016；刘群艺，2013）、地理学（肖超，2016；汤茂林，2013）、宗教学（胡翠娥，2018）等。

笔者之所以选择从设计学的视域来研究学术翻译特别是设计

学术翻译，其中的动因之一就是“设计”与“翻译”之间存在不少相似性。就词义而言，“设计”与“翻译”一样，具有多重含义。在谈到翻译的时候，Munday（2016：8）曾经指出，英语中的translation一词大概始于1340年，如今该词具有多重含义，它既可以指称翻译这一学科领域，也可以指称翻译的结果或产品，或指称翻译的过程或行为。另外，由于汉语词汇没有形态变化，汉语中的“翻译”一词除了指称学科领域、产品、过程之外，它还可以指称译者。设计也具有类似的特征：

> 既可以指称过程（设计行为或实践），也可以指称这一过程所产生的结果（设计、草图、规划或模型），或运用设计所生产的产品（经过设计的产品），或产品外观或总体效果（“我喜欢那件衣服的设计”）。（Walker，1990：23）

就设计本身的定义而言，迄今仍没有无可争议的定义。设计在中国可谓源远流长。《考工记》是古代有关设计制作的经典文献，尽管其中出现了“造物”“创物”等用语，如“知者创物，巧者述之，守之世，为之工”（转引自刘海年、张立平，2014：7）。但是，《考工记》中并没有明确使用“设计”这一词汇。如果按照我国传统的学科分类法，设计属于“技艺”及“营造”门类。夏燕靖（2019）在其《中国艺术设计史（升级版）》的再版序言中指出，唐代欧阳询等编纂的《艺文类聚》是我国现存最大的一部类书，其中涉及设计的部卷包括“居处部”“产业部”“服饰部”“舟车部”“巧艺部”等。除了《考工记》之外，《十三经》《二十五史》《宣和博古图》《营造法式》《事物纪原》《蜀锦谱》《砚史》《墨谱》《博物概要》《事物原始》《天工开物》等古代文献也都记载了中国古代设计师对造物和设计的认识和思考。就翻译而言，《天工开物》已先后被翻译成日语、英语、法语、德语等多种语言，深受海外学者的推崇，为认识中国17世纪的工艺提供了一部百科全书式的经典文献。

尽管中国古典文献中提及一些如今在设计中常见的词汇，但是它们的内涵未必与西方类似的术语相同，这无疑会给翻译带来挑战和困难。例如，中国早有“工艺”之类的提法，但是它与“工艺美术”乃两个不同的概念。在《新唐书·阎立德传》中有这样的记载，“父毗，为隋殿内少监，本以工艺进”，但是这里的“工艺”一般是“工”“艺”“巧”等多个意义的复合，而“工”多指“工匠”“制作”，“艺”指“技艺”“才能”，“巧”指“技巧”“技术”。此外，郑观应在《盛世危言》一书中指出：“工艺一道，为国家致富之基。工艺既兴，物产即因之饶裕。”（转引自赵农，2005：278）晚清开始呼吁重视“工艺”，但这种“工艺”主要是指“工业设计”的意思，而并非西方的“工艺美术”。事实上，在英语中，“工艺”这个词的词源和意义在18世纪晚期与“艺术”是相同的。厄尔霍夫和马歇尔编著的《设计辞典》对“工艺”“艺术”“设计”做了如下区分：

> 在那个时候，艺术和工艺指的是一种独特的方法、行业、应用艺术或学科的技能和本质，包括诸如书写、木器制作、制鞋和科学实验。艺术和工艺的意义分歧是后来才发生的。从工业革命之后特别是一战以后，随着设计的出现并且与以材料为基础的工艺发生密切的关系，艺术负有了更强的哲学的、诗意的和批判的任务……因此设计开始与一种更工业化的工艺相关，两者与高雅艺术相比处于次等地位，因为它们与实用性相关。在20世纪后半段，设计逐渐找到了一种既有思想性又有策略性的地位，并且将自身从传统的与手工艺的关联中释放出来。（厄尔霍夫、马歇尔，2016：76）

1851年，英国在“水晶宫”展览馆中举办了世界上的首个国际工业博览会。这场博览会既展示了欧美国家工业发展的成就，也暴露了工业革命所带来的种种问题，刺激了艺术家们的审美感受，成为工艺美术运动（The Arts & Crafts Movement）的导火索。1888年成立的伦敦工艺美术展览协会进一步推动了欧洲近代工艺美术运动的发展，“工艺美术”也最终在20世纪随着西学东渐的潮流进入了中国。始于1864年的工艺美术运动的特点是重视手工艺技术和生产，反对机械化生产，但不幸的是，它将手工艺推向了工业化的对立面；在装饰上它反对矫揉造作的维多利亚风格和其他各种古典、传统的复兴风格，提倡哥特风格和其他中世纪风格，反对华而不实的设计风格，提倡自然主义风格和东方风格。显然，这种“工艺美术”和我们传统上的“工艺”的内涵存在很大的差异。

英语中的design（设计）一词的词源可以追溯到拉丁语的de + signare，其含义就是创造某种事物，用符号来区分标记它，赋予它意义，给予它与其他事物、物主、用户或造物主之间的关系。这是我们对设计的最基本的理解。“设计”的英文单词design是在20世纪初才出现的。赵农（2005:4）在其《中国艺术设计史》中简述了design一词的汉语翻译情况，指出design曾被翻译为“图案”，后又被翻译为“美术工艺”“实用美术”“工艺美术”等，加上中国近现代社会战事频繁、经济发展滞后，设计文化受制于时代发展的步伐，因而“工艺美术”在中国仅仅局限于实用美术的范畴，而“设计”的意义又仅仅是“工艺美术”的一种手法，设计失去了本质的文化意义。我们从高校机构名称和高等教育专业目录的变更中也能领会到这一点。1956年，中央工艺美术学院成立，这表明我国十分重视传统工艺美术的继承、保护和发展，重视高等工艺美术教育。1999年，中央工艺美术学院正式并入清华大学，更名为“清华大学美术学院”（去掉了“工艺”二字）。在此之前，1998年，教育部颁发了高等教育专业目录，原先的“工艺美术”被“艺术设计”所替代。“这不仅是一个名词的改换，实际上是一种中国文化方式和生活观点的改变。”（赵农，2005:258）

Walker（1990）曾经指出，对于很多人来说，“设计”被狭义地理解为工业设计，但工业设计的含义又处于不断变化之中。在20世纪30年代，设计往往被认为是艺术与工业相结合的产物。例如，设计是在大规模生产背景下因产品生产过程中对于外观和风格的考虑而形成的艺术与工业的结合。事实上，18世纪下半叶到20世纪初是传统的手工业设计向工业设计过渡的时期，在这种新旧交替的历史背景下，必然存在着新旧设计思想的交锋。只有在第一次世界大战到第二次世界大战期间，工业设计才有了系统的理论，并在全球范围内得到广泛的传播。何人可（2019:3）对第二次世界大战以后的西方设计思想做了如下描述：

> 与此同时，西方工业设计思想却极为混乱，出现了众多的

设计流派……进入21世纪，由于Internet的普及和可持续设计思想的传播，工业设计发生了革命性的变化。2007年，随着苹果公司第一代iPhone智能手机的发布，设计进入了以移动互联网、物联网、云计算、大数据和人工智能为技术基础的新时代，以服务设计、商业模式设计为核心的设计生态开始形成。

第二节　复杂的设计学科及其丰富的可译资源

“学科”这一概念的复杂性还部分反映在一个国家在不同时期及不同国家在不同时期的划分体系上。从2012年起，我国高等教育增设了艺术学学科门类，从而将学科门类划分为13个门类，即哲学、经济学、法学、教育学、文学、历史学、理学、工学、农学、医学、军事学、管理学和艺术学。其中，艺术学门类又下设艺术学理论类、音乐与舞蹈学类、戏剧与影视学类、美术学类和设计学类5个专业类。设计学类专业包括艺术设计学、视觉传达设计、环境设计、产品设计、服装与服饰设计、公共艺术、工艺美术、数字媒体艺术8个专业。如上所述，各国对学科门类的划分又不尽相同。例如，美国对设计学科的分类就与中国有所不同。从以下美国综合高等教育数据系统数据库（IPEDS）所编入的设计学科可以看出，它所涵盖的范围比较宽泛：

> 美国综合高等教育数据系统数据库编入的设计学科包括：建筑学，城市、社区及地区规划，环境设计，景观设计，室内设计/建筑学，建筑学及相关服务，其他设计和视觉传达，普通广告艺术，工业设计，时装设计/服装设计，平面设计，插图设计，游戏及交互设计，剧场设计，以及其他设计与应用艺术。（Ilhan, 2017）

不难看出，设计本身无所不包，它可能涉及所有学术领域。早在1990年，J. A. Walker就从书店管窥出这种纷繁复杂的现象。伦敦设计中心书店在售书籍所涉猎的学科领域真可谓让人眼花缭乱,既有平面设计、纺织品设计、陶瓷设计、服装设计、办公照明系统设计、室内装饰设计、交通运输系统设计、住宅设计、景观设计、版式设计、服务于残疾人士的设计,又涉及包装、影院、流线型、模型制作、形式与色彩、工艺美术、人体工程学、工程学、消费主义、版权、安全标准、专利、设计理论与方法、设计风格、发明史与工业发展史等。如果再考虑到设计与艺术、工艺等范畴之间难以分割的联系,以及设计与其他众多学科之间的交叉或者日益模糊的界限,那么“设计”这一概念的庞杂性已经是司空见惯的现象了。我们不妨先捋捋设计与翻译之间的渊源,然后再纵览一番设计学术翻译的概貌,作为后面深入研究的基础。

从设计学术翻译的角度来看,它所涉足的领域可能广袤无边。或者说,设计学具有丰富的可译资源,因为西方设计思想的发展和进步离不开林立的设计流派和组织,包括:流行于欧美各国以复兴古希腊罗马艺术为旗号的新古典主义(1760—1880),介于功利主义与罗尔斯主义之间的折中主义(1820—1900),以莫里斯(William Morris)和阿什比(Charles R. Ashbee)为代表、以英国为中心、对工业化进行反思的工艺美术运动(1880—1910),活跃于欧洲各国、以吉马德(Hector Guimard)和戈地(Antonio Gauti)为代表、对新艺术发展产生深刻影响的新艺术运动(1890—1910),以霍夫曼(Joseph Hoffmann)、莫瑟(Koloman Moser)和奥布里奇(Joseph M. Olbrich)为代表、要与传统的美学观决裂、与正统的学院派艺术分道扬镳的奥地利维也纳分离派(1897—1933),以穆特修斯(Herman Muthesius)和贝伦斯(Peter Behrens)为代表、为20世纪20年代欧洲现代主义设计运动奠定基础的德国德意志制造联盟(1907—1934),以里特维尔德(Gerrit Thomas Rietveld)为代表、追求艺术的“抽象和简化”的荷兰风格派(1917—1931),以马来维奇(Kasimir Malevich)和塔特林(Vladimir Tatlin)为代表、探究新的艺术形式的苏联构成派(1917—1928)。此外,还有一些非常重要的流派和组织。格罗披乌斯(Walter Gropius)等创建的德国包豪斯学校(1919—1933),倡导“创造艺术与技术接轨的教育环境,培养出适合工业化时代的、理想的现代设计型人才”(谢姬等,2016:

108);流行于法国的艺术装饰风格(1925—1935),是“对建筑、室内设计、工业设计、服装设计以及视觉艺术带来巨大影响的设计运动”(厄尔霍夫、马歇尔,2016:15);在20世纪30—40年代最流行的美国流线型风格,追求表面圆滑、线条流畅的物体外形;影响十分广泛、享誉至今的斯堪的纳维亚风格,“将传统设计文化与现代主义设计思想相结合……既注重产品的使用功能,又强调设计的人文因素”(谢姬等,2016:97)。在包豪斯理论基础上发展起来、盛行于欧美各国的现代主义(1920—1950)使得设计观念发生了巨大的变革;20世纪50年代消费高潮刺激下的美国商业性设计(1945—1960)把“以人为本”的设计思想作为设计的宗旨;流行于斯堪的纳维亚国家、美国、意大利等国家的有机现代主义(1945—1960)继承和发扬了现代主义,同时超越了包豪斯风格;流行于欧美及日本的理性主义(1960—)以设计科学为基础、以“无名性”为特征;与复兴20世纪二三十年代的新现代主义平行发展的工业设计“高技术风格”(1960—1980)崇尚科技改变生活;波普风格(1960—1970)的中心在英国,“它代表着20世纪60年代工业设计追求形式上的异化及娱乐化的表现主义倾向”(何人可,2019:210);后现代主义的设计(1965—1990)热衷于物体的造型,而不是技术上的改良;20世纪70年代以来的绿色设计重视人、社会及自然之间的协调发展机制,它不仅需要技术层面上的考量,而且更加提倡一种设计观念的变革;20世纪80年代以来的可持续设计秉承可持续发展的理念,这种设计旨在“建立持久的生活消费方式、建立可持续社区、开发持久性能源及工程技术等”(何人可,2019:219)。

当然,在中国,大量的古典文献中就已经反映了中国特有的造物方法、设计方法和设计思想。例如,《周易》所反映的“道”与“器”的关系、《道德经》所反映的设计的“民本”意识、《论语》中“文质观”的审美意蕴、《庄子》中“天人合一”的设计观及“与物无际”与“与物有际”的造物观、《墨子·节用》中的以“节用”作为制造日用器物的原则、《长物志》贯穿了“以用为本”的实用性设计观、《淮南子》阐述了“器以载道”的造物观等。显然,就设计思想而言，其资源已然十分丰富，这是以翻译为媒、促进世界范围内的设计思想交流和传播、促进文明互鉴的前提和基础。

在以下的章节中，我们首先梳理一下西方设计学术著作在中国的译介轨迹，旨在从中发现其对翻译研究带来的启迪。

第一部分

设计学术翻译研究

第二章　设计学术翻译概貌

第一节　设计学术译著书目检索及分析方法

《中国图书馆分类法》(原称《中国图书馆图书分类法》)是中华人民共和国成立后编制出版的一部具有代表性的大型综合性分类法,是当今国内图书馆使用最广泛的分类法体系,简称《中图法》。《中图法》初版于1975年,1999年出版了第四版。我们采用了修订后的《中图法》第四版。《中图法》第四版全面补充了新主题,扩充了类目体系,使分类法紧跟科学技术发展的步伐,同时完善了参照系统、注释系统等。按照该版中图分类号,我们主要检索并标注J*-艺术和T-工业技术。其中,J*-艺术包括J0-艺术理论、J1-世界各国艺术概况、J2-绘画、J29-书法和篆刻、J3-雕塑、J4-摄影艺术、J5-工艺美术、J59-建筑艺术、J6-音乐、J7-舞蹈、J8-戏剧艺术、J9-电影和电视艺术;T-工业技术主要包括TU-建筑科学、TB-一般工业技术等。

检索步骤1:检索中国国家图书馆馆藏书目,进入高级检索-组合检索,检索字段为主题词“设计”“艺术”以及著者“译”,执行“与(AND)”检索条件,词邻近选择“是”,检索限制为语言“中文”,资料类型“图书”,分馆“全部”。选择详细格式-选中记录=保存/邮寄记录,选择详细格式-选中记录=保存/邮寄记录,然后人工去除“作品集”“图集”“课程设计”记录,以及无人机设计、教学设计、防震设计、船舶设计、机械设计、经济体制设计、公路工程设计、程序设计等检索记录,另再去除重印记录。

检索步骤2:检索中国国家图书馆馆藏书目,进入高级检索-组合检索，检索字段为主题词“设计”“研究”以及著者“译”，执行“与（AND）”检索条件，词邻近选择“是”，检索限制为语言“中文”，资料类型“图书”，分馆“全部”。选择详细格式-选中记录＝保存/邮寄记录，然后人工去除“作品集”“图集”“课程设计”记录，以及无人机设计、教学设计、防震设计、船舶设计、机械设计、经济体制设计、公路工程设计、程序设计等检索记录。

人工复核：将检索记录通过 EXCEL（2016）工作表复制进行人工复核，去除两次检索的重复记录，但保留复译本和不同版次的译本记录，同时结合豆瓣读书网显示的相关记录进行补充。

分析方法：借助于 EXCEL（2016）工作表，在标题栏设定了译著及原著书名（含正副标题）、原著作者姓名及国籍、译者姓名及学术背景、原著及译著的出版机构及出版时间、所属学科主题及中图号，以及出版项目等。对于图书的学术影响，我们借助了豆瓣评分及评价人数，以及 CNKI 显示的被引等数据情况。

检索结果：检索步骤 1 命中记录数为 292（图 2.1），经上述方法筛选后所得记录结果为 224。检索步骤 2 命中记录数为 475（图 2.2），经上述方法筛选后所得记录结果为 396。再经上述人工复核筛选去除重复等书目，同时考虑到国家图书馆收录情况，对豆瓣读书网显示的额外书目在核对后再进行适当补充，最后设计学术译著记录数结果为 621。

图 2.1　检索步骤 1 记录情况

图 2.2　检索步骤 2 记录情况

第二节　设计学术翻译出版时间轴

一般认为,中国的现代设计的发展历程渗入了不少西方的思想和理念。“中国现代设计的发展历程,既无那么多的观念生成,也缺乏观点演进的清晰线索,间隙式的引进、学习和模仿,构成了人们对中国现代设计的直观印象”(方晓风,2016,转引自沈榆,2017:序)。由此可见,在中国设计的发展历程中,设计学术翻译发挥着不可或缺的作用。统计发现,从大陆和台湾地区整体出版情况来看,1956 年出现了首部设计学术翻译著作,即(北京)建筑工程出版社出版的由陆振兴和刘国钧合作翻译的《学校建筑物设计经济问题》,其原作者为苏联爱斯特罗夫。1957 年到 1979 年这 23 年是设计学术译著出版的沉寂期,无译著出版。从 1980 年至 2001 年这 22 年中,除个别年份外,每年出版的设计学术译著的数量在 1 至 4 部,我们称之为设计学术译著出版的偶发期。如图 2.3 所示,2002 年至 2009 年这 8 年的趋势线呈现上升趋势,每年出版的设计学术译著数量少则 8 部,多则 26 部,我们把这一阶段的设计学术译著出版定性为起升阶段。图 2.4 的趋势线显示，2010 年至 2019 年，设计学术译著的出版进入了高位稳定阶段，每年出版的设计学术译著在 41 至 54 部。

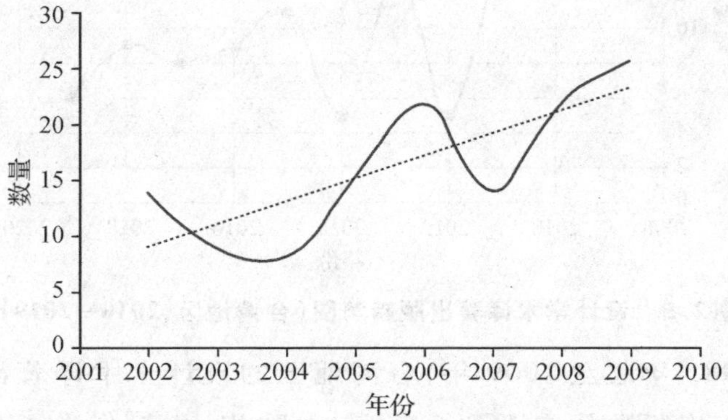

图 2.3　设计学术译著出版的起步阶段(2002—2009)

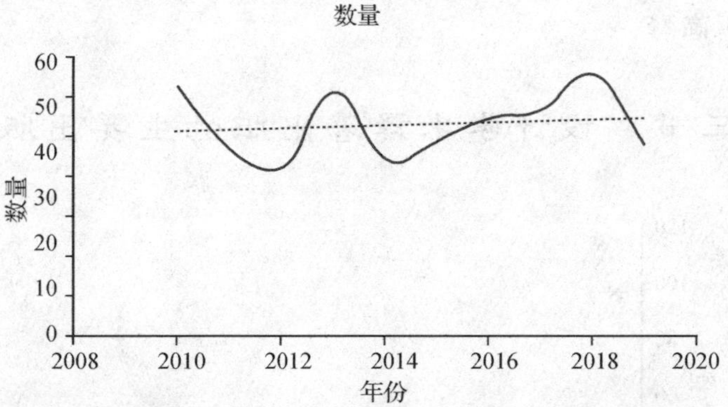

图 2.4　设计学术译著出版的稳步发展阶段(2010—2019)

但是，如果把台湾地区的出版情况单独来看，那么尽管台湾地区也在 2010 年进入出版高峰，但是维持时间不长，未能出现大陆那样的高位稳定状况，其 2010—2019 年的出版趋势图呈现下降趋势，如图 2.5 所示。

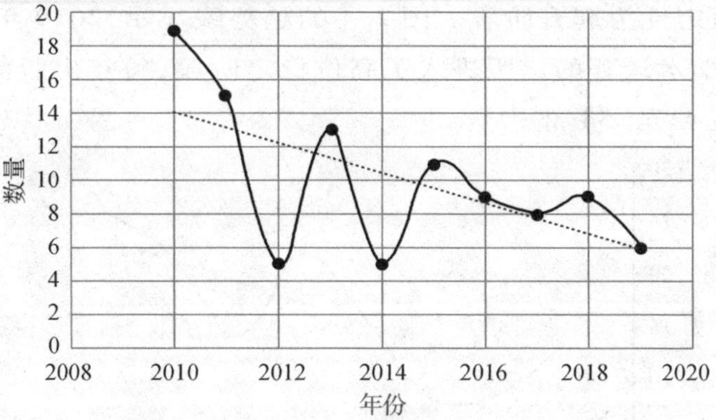

图2.5　设计学术译著出版趋势图(台湾地区,2010—2019)

自1985年起至2009年,台湾地区的设计学术译著都处于沉寂期,每年出版数量在1到6部,与大陆相比,起步晚了5年左右时间。但是如上所述,整体来看,大陆和台湾地区都在2010年进入了出版高峰。

第三节　设计学术译著出版的主要出版社

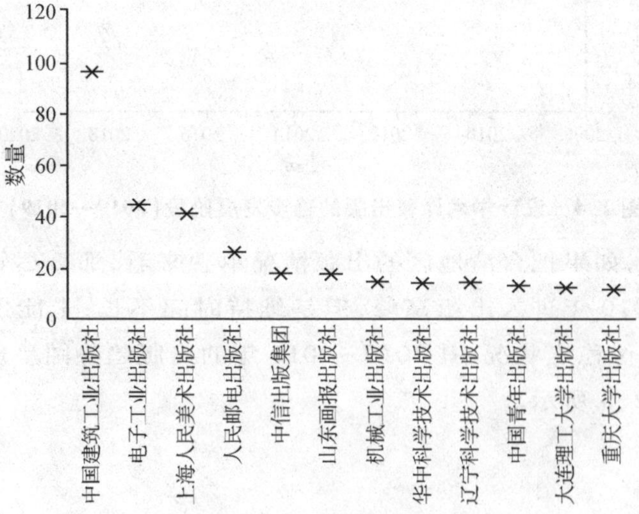

图2.6　大陆主要出版社

如图2.6所示,截至2019年年底,出版设计学术译著超过10

部以上的出版社共有12家，他们分别是中国建筑工业出版社、电子工业出版社、上海人民美术出版社、人民邮电出版社、中信出版集团、山东画报出版社、机械工业出版社、华中科学技术出版社、辽宁科学技术出版社、中国青年出版社、大连理工大学出版社和重庆大学出版社。其中，出版数量处于前五位的是中国建筑工业出版社96部、电子工业出版社44部、上海人民美术出版社41部、人民邮电出版社27部、中信出版集团和山东画报出版社各17部。中国建筑出版社和上海人民美术出版社是出版设计学术译著的专业出版社，出版数量名列前三，应该是意料之中的结果。

中国建筑工业出版社一直致力于以下出版物的出版：城乡规划与设计、园林景观、室内设计、装饰装修、工业设计、艺术等方面学术著作，应用图书、工具书、教材，音像、电子、数字、网络出版物。该出版社致力于传播先进的建筑设计科技，培养建筑设计等专业人才，与全世界300多家出版社建立了密切的合作关系，引进了大量高质量学术著作。截至2014年，该出版社共翻译出版了1600多种国外著作。

上海人民美术出版社在美术设计类教材建设方面做出了很大的努力，他们顺应了时代的发展，取得了不俗的成绩：

> 随着改革开放的深入和中国经济的强劲发展，中国的美术教育和设计教育都得到了前所未有的快速发展，并且在慢慢地构建培养美术和设计人才的教育格局。上海人民美术出版社作为一家专业的历史悠久的品牌出版社，也在不断顺应形势，从最初的美术技法类丛书、连环画、旅游读物等品种，逐渐开始涉足大中专美术设计类教材，再慢慢壮大成规模，成为这一类教材出版的佼佼者。这是一个不断积累的过程，也是一个专业出版社逐渐发展、提升的过程，可以说美术设计类教材已经成为今天上海人民美术出版社一个重要的产品，一个不可或缺的部分……“专业性、学术性、系统性”，这就是上海人美社不断追求的教材发展的宗旨，可以说，美术设计类教材的发展使得出版社在不断提升，逐渐确立了自我的品牌形象。（张琳海，2018：69）

2004 年，上海人民美术出版社经美国培生（Pearson）教育出版集团授权引进出版了美国舍尔·伯林纳德（Shirl Brainard）所编写的《设计原理基础教程（第 3 版）》（*A Design Manual*），由周飞翻译。该部教材乃美国艺术与设计专业品牌教材，针对初学者提供二维和三维设计元素的指导，通过日常生活中的类比和熟悉的图例阐释基本的概念，帮助初学者更清楚地认识周围世界中的各种设计并进行设计。2006 年，该出版社又引进了美国迈克·W. 林（Mike W. Lin）所编写的经典教材《设计快速表现技法》（*Drawing and Designing with Confidence*），由王毅翻译，是中国高等院校建筑学科系列教材。2009 年，与麦格劳-希尔（亚洲）教育出版公司合作出版了美国玛丽·斯图亚特（Mary Stewart）编写、王冬玲等译的美国艺术与设计专业品牌教材《美国设计专业基础课目完全教程》（*Launching the Imagination: A Comprehensive Guide to Basic Design*）。2014 年，由圣智学习出版公司授权出版美国杰夫·戴维斯（Jeff Davis）著、徐宸熹译的《美国二维设计基础》（*Foundations of Design*）。

当然，就大陆而言，还有很多出版社在设计学术译著出版方面取得了不俗的成绩，如江苏凤凰科学技术出版社、江苏凤凰美术出版社、译林出版社、清华大学出版社、知识产权出版社、广西师范大学出版社、中国人民大学出版社、湖南美术出版社、天津大学出版社、中国水利水电出版社等。

与大陆设计学术译著出版数量不断增加相比，台湾地区也出版许多设计学术译著。如图 2.7 所示，主要出版社包括博硕文化股份有限公司（7 部）、原点出版社（7 部）、麦浩斯出版（7 部）、脸谱出版（7 部）、六合出版社（6 部）、积木文化（5 部），以及大家出版社、平安文化有限公司、田园城市文化事业有限公司、时报文化出版企业股份有限公司和尖端出版（各 4 部）。

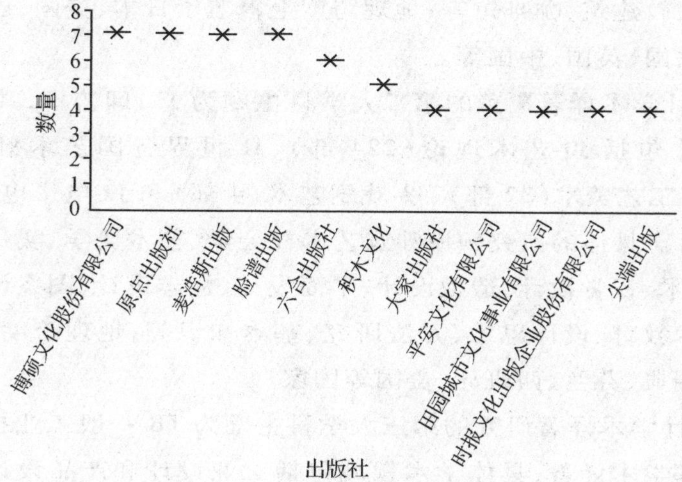

图 2.7　台湾地区主要出版社

第四节　设计学术译著的学科主题分布

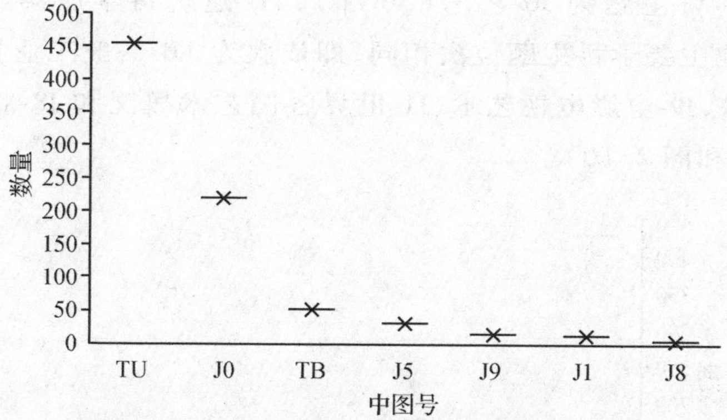

图 2.8　设计学术译著学科主题分布图

如上所述，我们的检索结果仅包括学科主题中含"设计"的结果。如图 2.8 所示，整体来看，大陆和台湾地区设计学术译著涵盖最多的学科主题为 TU，即建筑科学，占据了其中的 454 部译著，具体学术领域包括建筑设计、建筑艺术、环境设计、景观设计、园林设计、室内装饰、城市规划等，这些主题还与可持续发展、生态、健康、气候、空间等问题交织在一起；建筑类型涉及住宅、高等学校建筑、旅馆、宗教建筑、咖啡馆等；地理跨度上覆盖了日本、美国、巴西、俄罗斯、法国、英国、中国等。

设计学术译著覆盖的第二大学科主题为 J*，即艺术，共计 288 部，具体包括 J0-艺术理论（224 部）、J1-世界各国艺术概况（13 部）、J5-工艺美术（32 部）、J8-戏剧艺术（4 部）和 J9-电影电视艺术（15 部）。具体的研究领域涉及艺术社会学、艺术美学、实用美学、视觉艺术、视觉设计、造型设计、平面设计、标志设计、图案设计、色彩、美术教育、设计思维、方法研究、基本知识等；地理跨度覆盖了日本、瑞典、芬兰、西班牙、美国等国家。

设计学术译著研究的第三大学科主题为 TB-一般工业技术，涉及 52 部学术译著，具体学术领域包括工业设计和产品设计，涉及现代主义、设计思维、商业管理等理论和问题。

但是，如果我们把大陆和台湾地区出版的设计学术译著分开来看的话，那么我们则会发现一个细微的差异，即大陆首个学科主题为 TU-建筑科学（424 部），J*-艺术居第二位（171 部），而台湾地区首个学科主题为 J0-艺术（50 部），TU-建筑科学居第二位（27 部），其他主要学科主题位次相同，即依次为 TB-一般工业技术、J5-工艺美术、J9-电影电视艺术、J1-世界各国艺术概况和 J8-戏剧艺术（图 2.9 和图 2.10）。

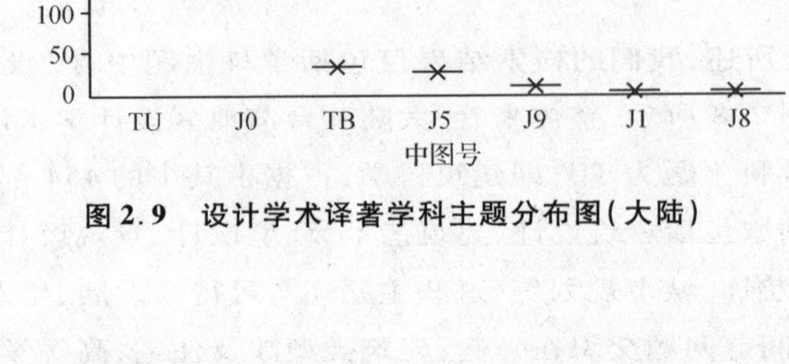

图 2.9　设计学术译著学科主题分布图（大陆）

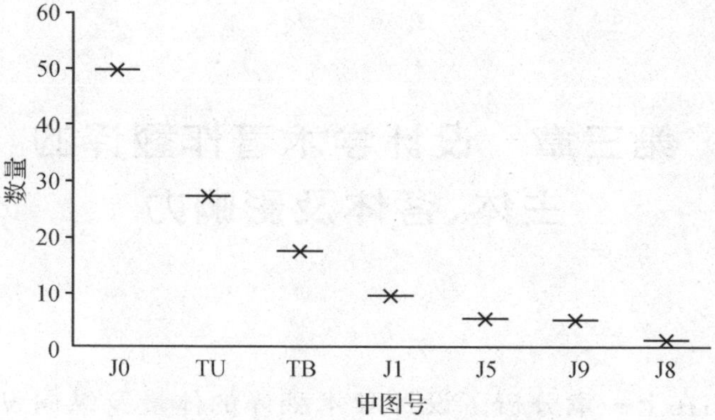

图 2.10 设计学术译著学科主题分布图(台湾地区)

如上节所述,建筑科学之所以在大陆成为设计学术译著的首位学科主题,可能得益于中国建筑工业出版社在引进西方先进的设计思想和理念方面充分发挥了自身的出版专业主题和特色。但是,无论是在大陆还是在台湾地区,J0-艺术理论,或者更具体地说设计艺术理论,都是 J*-艺术当中最重要的设计学术翻译学科主题之一,表现出对学科发展基本理论的高度重视。

当然,由于以上检索数据主要源自中国国家图书馆馆藏,部分设计学术译著(特别是台湾地区出版社出版的译著)未能进入检索范围。另一方面,对设计研究具有影响的其他学科——如认知学、符号学等——的学术译著也没有计入检索范围,这在一定程度上会影响到结果的准确性和可靠性。

第三章　设计学术著作翻译的主体、客体及影响力

我们在上一章分析了设计学术翻译的体量及纵向发展情况，发现了一些对设计学术翻译做出了重大贡献的大陆出版社和台湾地区出版社，并且总结了设计学术译著所涉及的学科主题分布情况。本章主要讨论学术翻译的对象或客体（源文本作者）、参与设计学术翻译的主体（译者）及设计学术翻译的主要影响力情况。

第一节　设计学术翻译源文本作者分布

本节将从三个方面进行讨论，即作者（国籍）整体分布情况、高被引作者分布情况和设计元研究高被引学者著作被翻译情况。

一、作者（国籍）整体分布情况

统计数据显示，大陆和台湾地区出版的设计学术译著的源文本作者分布于世界各地，或者说国籍分布比较广泛。其中，译者和出版机构最为青睐的是美国（262 部）、日本（117 部）和英国（107 部）等国家学者的著作，我们称之为"第一方阵"。其次，韩国（23 部）、法国（17 部）、意大利（15 部）、德国（14 部）、澳大利亚（12 部）等国家学者的著作为"第二方阵"。这两个方阵组合与我们一般认为的设计强国是一致的。此外，除了荷兰和瑞士以外，以其他国家学者为源文本作者的设计学术译著都在 5 部以下，我们把它们归类为"第三方阵"，这些国家包括西班牙、俄罗斯、加拿大、瑞典、奥地利、匈牙利、比利时、巴西、芬兰、爱尔兰、葡萄牙、挪威、罗马尼亚、卢森堡等。大陆和台湾地区的具体出版情况如图 3.1 所示。

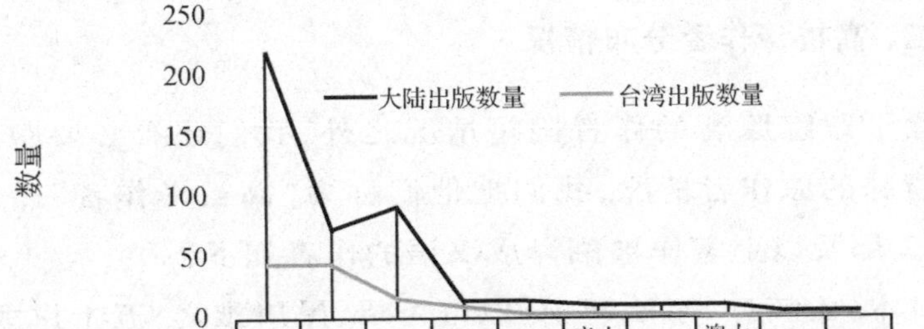

	美国	日本	英国	韩国	法国	意大利	德国	澳大利亚	瑞士	荷兰
大陆出版数量	218	74	91	13	15	12	11	12	3	4
台湾出版数量	44	43	16	10	2	3	3	0	2	1

源文本作者国籍

图 3.1　设计学术译著源文本作者国籍分布

我们发现，译入的美国和英国国籍作者的著作数量明显高于德国、意大利、荷兰等设计强国，这其中可能存在以下因素。首先，不能排除语言障碍问题。我们知道，在中国通晓英语和日语的译者队伍远远大于通晓德语、法语、荷兰语的译者队伍。从大陆和台湾地区出版的设计学术译著总量上来看，源文本作者国籍为日本的居第二位，这不仅是因为日本是一个设计强国，同时还因为中日两国在地理位置上比较接近，交往频繁，中国留日人数较多，通晓日语的译者数量足以满足翻译的需要。另外，值得一提的是，留日也产生了衍生性影响。例如，方启思和刘曦卉(2017)指出，中国的工业设计是由留洋学者引入中国的，他们在 20 世纪 80 年代初出国学习后将日本和德国的设计教育体系带回了中国。因此，他们新近学习的设计知识和方法在中国得到迅速传播。中国的工业设计教育在 20 世纪 90 年代渐渐成熟，学生人数呈指数式增长。尽管全球工业经济瞬息万变，但是许多设计院校仍在教授 20 世纪 80 年代初从国外带回来的理论和知识体系，只有一直开展国际交流的极少数设计院校(如清华大学、同济大学、香港理工大学和江南大学)才纳入了较新型的战略设计教育，如设计主导的创新教育、设计驱动的创新教育及以突破性创新为目标的教育。由此可见，设计学术著作的翻译出版有利于推进中国的设计教育和设计驱动的创新发展战略。

二、高被译作者分布情况

除了跟踪原著的作者国籍情况之外,我们还有必要跟踪一下最受青睐的原作者情况,我们把他们称为“高被译作者”。据初步统计,2 部及以上著作被翻译成汉语的作者如下:

日本:山崎亮、宇治智子、原口秀昭、黑川雅之、五十岚太郎、伊东丰雄

美国:罗宾 · 威廉姆斯(Robin Williams)、克里斯托弗 · 亚历山大(Christopher Alexander)、布坎南(R. Buchanan)、马格林(V. Margolin)、史蒂芬 · 海勒(Steven Heller)、奥斯汀 · 豪(Austin Howe)、彼得 · 博塞尔曼(Peter Bosselmann)、黛比 · 米尔曼(Debbie Millman)、偌 · 斯凯林(Noah Scalin)、凯瑞 · 史密斯(Keri Smith)、奈杰尔 · 克罗斯(N. Cross)、程大锦(Francis D. K. Ching)

韩国:金宣我、罗建、文灿

英国:佩妮 · 斯帕克(Penny Sparke)、盖文 · 安布罗斯(Gavin Ambrose)、保罗 · 哈里斯(Paul Harris)、尼尔 · 伦纳德(Neil Leonard)

法国:勒 · 柯布西耶(Le Corbusier)

意大利:罗布托 · 维甘提(R. Verganti)、布鲁诺 · 赛维(Bruno Zevi)

澳大利亚:埃丝特 · 查尔斯沃思(Esther Charlesworth)、罗伯 · 亚当斯(Rob Adams)

巴西:萨索(Sasso, Fabio)

匈牙利:拉兹洛 · 莫霍利-纳吉(Laszlo Moholy-Nagy)

下面简要介绍一下部分高被译作者情况,包括:日本山崎亮和宇治智子,美国罗宾 · 威廉姆斯、克里斯托弗 · 亚历山大、史蒂芬 · 海勒、凯瑞 · 史密斯,法国勒 · 柯布西耶,英国佩妮 · 斯帕克,韩国金宣我。

山崎亮:社区设计师及景观设计师,现任京都造型艺术大学教授兼空间设计学院院长,其企划项目曾获日本优良设计大奖(Good

Design Award）、儿童设计大奖（Kids Design Award）、鹿岛赏住宅杯竞赛入选（SD Review）等多项大奖。山崎亮致力于当地居民参与的社区设计，让用户直接参与设计过程，从而改善各种空间利用、人口迁移、高龄化等问题。他的著作受到大陆和台湾——特别是台湾——的广泛关注，共有7部著作被翻译成汉语（不包括复译）。2015年，台湾脸谱出版了庄雅琇翻译的《小区设计：重新思考"小区"定义，不只设计空间，更要设计"人与人之间的联结"》。2018年，台北时报文化出版企业股份有限公司出版了涂纹凰翻译的《跟着山崎亮去充电，踏查英伦社区设计轨迹》和《跟着山崎亮去充电，走读北欧生活设计最前线》，以及雍小狼翻译的《跟着山崎亮去充电，探访美西公益设计现场》；同年，台湾脸谱还出版了庄雅琇翻译的《小区设计的时代》。2019年，北京科学技术出版社出版了胡珊翻译的《社区设计：比设计空间更重要的，是连接人与人的关系》，这是继庄雅琇后的复译本；同年，台北脸谱出版了詹慕如翻译的《引路者》，台北行人文化实验室出版了曾钰佩翻译的《打造所有人的理想归宿》。

罗宾·威廉姆斯：世界级设计大师，其作品语言简洁明快，同时配以大量实例图解和设计练习（并提供解答），将设计原理通俗易懂地展现在读者面前，受到读者的普遍好评。威廉姆斯共有7部设计学术著作被翻译成汉语（不包括修订版的翻译和复译情况），分别由人民邮电出版社和电子工业出版社出版。在这7部著作中，1部为与卡门·谢尔顿（Carmen Sheldon）的合著，5部为与约翰·托列特（John Tollett）的合著。这些著作是《写给大家看的设计书》（*Non-Designer's Design Book*）系列丛书，包括DIY、实例与创意、Photoshop图像处理、Illustrator设计、Photoshop图像处理和Web设计等主题。准确地讲，它们并不是写给大家看的设计书，而是以非设计师为主要读者对象的设计书。

勒·柯布西耶：建筑师、雕塑家和画家，1887年出生于瑞士，1907年先后到匈牙利布达佩斯和法国巴黎学习建筑，后来到德国贝伦斯事务所工作，1917年定居巴黎。柯布西耶是20世纪最重要的建筑师之一，也是功能主义建筑的泰斗，被誉为"功能主义之父"。

他和美国的理查德·巴克敏斯特·富勒(Richard Buckminster Fuller)、弗兰克·劳埃德·赖特(Frank Lloyd Wright),以及德国的路德维希·密斯·凡·德罗(Ludwig Mies van der Rohe)、瓦尔特·格罗皮乌斯(Walter Gropius),并称为国际形式建筑派的主要代表。柯布西耶主张全新的城市规划,率先提出了高层建筑和立体交叉的设想,在20世纪二三十年代一直引领着建筑发展潮流。中国建筑工业出版社先后引进了"勒·柯布西耶新精神丛书"。该套建筑设计丛书由六部著作组成,包括2009年引进出版的陈洁译《精确性:建筑与城市规划状态报告》、李浩译《明日之城市》、张悦和孙凌译《今日的装饰艺术》、刘佳燕译《人类三大聚居地规划》,以及2011年引进出版的张春彦和邵雪梅合译的《模度》和治棋译《现代建筑年鉴》。

克里斯托弗·亚历山大:美国建筑师协会颁发的最高研究勋章获得者,加州大学伯克利分校建筑学教授。亚历山大的多部设计学术著作被引进出版。其中,《建筑的永恒之道》(*The Timeless Way of Building*)由牛津大学出版社于1975年出版,系加州大学伯克利分校环境结构中心系列经典建筑理论丛书。汉译版本由赵冰翻译,1989年由中国建筑工业出版社出版,1994年由台湾六合出版社出版,2002年由北京知识产权出版社出版,并多次重印。该译著曾被列为"十三五"国家重点图书出版物。尽管该书译本与原著出版年份之间相隔数十年之久,但仍然受到读者的好评。此外,亚历山大被翻译成汉语的著作还包括《住宅制造》(*The Production of Houses*)、《城市设计新理论》(*A New Theory of Urban Design*)、《俄勒冈实验》(*The Oregon Experiment*)、《建筑模式语言:城镇·建筑·构造》(*A Pattern Language: Towns, Buildings, Construction*)。

史蒂芬·海勒:曾任《纽约时报》书评版艺术总监,获得美国平面设计协会(AIGA)"终身成就奖"和史密森尼国家设计奖两项设计界至高荣誉,现供职于美国纽约视觉艺术学院。他已撰写(合著)或主编180多部著作,主要涉及平面设计、政治艺术等主题,其中被引进中国出版的设计学术著作包括《年轻人,我教你怎么做平面设计》(*The Education of a Graphic Designer*)、《设计灾难:设计大师难以置信的失败与教训》(*Design Disasters: Great Designers, Fabulous Failures & Lessons Learned*)、《设计文化:理解平面设计》(*Design Literacy: Understanding Graphic Design*)、《三十四位顶尖设计师的思考术》(*Design Dialogues*)、《如何成为数字化设计师:互联网/影像/广播/游戏+动画设计等的职业指导》(*Becoming a Digital Designer: A Guide to Careers in Web, Video, Broadcast, Game and Animation Design*)等,分别由台湾麦浩斯出版、重庆大学出版社、中国建筑工业出版社、中信出版社等出版社出版。

佩妮·斯帕克:英国金斯顿大学艺术设计与音乐学院设计史教授,已出版多部关于20世纪设计的学术著作,涉及意大利、日本等国别设计,以及设计中的性别与政治问题。国内引进的帕斯克的设计学术著作主要包括:中国建筑工业出版社2005年出版的《20世纪汽车设计的先驱》(*A Century of Car Design*),重庆大学出版社2017年出版的《现代室内》(*The Modern Interior*),译林出版社2012年出版的《设计与文化导论》(*An Introduction to Design and Culture*),江苏凤凰美术出版社2018年出版的《唯有粉红:审美品位的性别政治学》(*As Long As It's Pink: The Sexual Politics of Taste*)。

金宣我:现任韩国大邱庆北设计中心研究委员、Material ConneXion设计总监,曾在韩国三星电子、摩托罗拉·韩国等企业负责实务及策划工作,因而致力于以实践经验为基础,研究如何在日常生活中理解并运用设计。被译成汉语的金宣我著作主要包括《日常生活中的设计. 1. 让你了解设计真相的50个问题》《日常生活中的设计. 2. 设计师的世界》《设计的演绎:培养设计力的50种游戏》《设计的哲学:关于生活设计的50个提问》。这些译著先后由中信出版社、台北悦知文化、台北精诚资讯股份有限公司等出版社出版。

凯瑞·史密斯:畅销书作家、插画家和思想家。上海人民美术出版社先后引进出版的史密斯的设计学术著作包括《游击艺术》(*The Guerilla Art*)、《你可以这样玩创意》(*This Is Not a Book*)、《带上"我"找创意》(*How to Be an Explorer of the World*)等。她的著作还有《做了这本书》(*Wreck This Journal*)、《流浪的社会》(*The Wander Society*)、《乱糟糟》(*Mess*)、《读完这本书》(*Finish This Book*)、《淘宝与创意改造》(*The Pocket Scavenger*)、《做了这本书:创造就是毁灭》(*Wreck This Journal Everywhere: To Create Is to Destroy*)、《……的虚幻世界》(*The Imaginary World of ...*)、《做了这个应用程序》(*Wreck This App*)、《这不是应用程序》(*This Is Not an App*)等。

宇治智子:日本"视觉营销"大师、株式会社 UJI PUBLICITY 董事长兼艺术总监,致力于向世界推广老字号店铺和美好事物。2013 年,中信出版社出版了张梦溪翻译的艺术设计著作《培养设计感》;2016 年,机械工业出版社出版了宋玮翻译的视觉设计著作《视觉营销战略:用视觉的力量解决问题》;2018 年,华中科技大学出版社出版了叶宁和宋天涛合作翻译的建筑设计著作《重生的设计:可持续的品牌战略》;2020 年,上海文汇出版社出版了千早翻译的《设计力就是沟通力》,台湾如何出版了陈圣怡翻译的《基本设计力:简单却效果超群的 77 原则》。

三、设计元研究高被引学者著作翻译情况

徐江(2019)将设计研究主题主要划分为"设计认知""设计历史""设计艺术理论""设计教育""设计工程""人机交互""人机工程""设计管理"8 类,其研究表明各主题之间呈现出明显的交叉融合关系。他同时揭示了各领域的高被引学者及其知识贡献情况。在上一节中,我们讨论了高被译学者的分布情况,那么高被译学者和高被引学者之间的关系如何呢?是否呈现出一致性关系呢?我们不妨基于上述 8 类设计研究主题对各领域高被引学者著作的翻译情况进行分析。

设计认知:在这一设计知识领域的六位高被引学者中,西蒙(H. A. Simon)、奈杰尔·克罗斯(N. Cross)和布莱恩·劳森(Bryan Lawson)三位学者的部分著作被翻译成了汉语出版,但是多斯特(K. Dorst)、沙阿(J. J. Shah)和戈德施密特(G. Goldschmidt)的著作尚未得到有效译介。该领域的部分高被引学者著作的具体翻译

情况如下。

首先,西蒙是心理学家、决策管理大师、诺贝尔经济学奖获奖者、人工智能之父。由于西蒙的重要著述《人工科学》(*The Sciences of the Artificial*)的中图号为 G304/C93,没有进入我们的最初检索数据范围,但是追加检索发现,这一著作早在 1987 年就由商务印书馆引进出版,译者为武夷山。除此之外,中国人民大学出版社还在 2019 年引进出版了他的另一部著作《认知:人行为背后的思维与智能》(*Cognition: Thinking and Intelligence Behind Human Behavior*),由荆其诚和张厚粲合作翻译。其次,任文永、陈实和沈浩翔三位译者合作翻译了奈杰尔·克罗斯的《设计师式认识》(*Designerly Ways of Knowing*),由华中科技大学出版社于 2013 年出版。2011 年,山东画报出版社还出版了程文婷翻译的克罗斯的另一部著作《设计思考:设计师如何思考和工作》(*Design Thinking*)。最后,机械工业出版社于 2008 年出版了杨小东和段炼合译的布莱恩·劳森的著作《设计师怎样思考:解密设计》(*How Designers Think—The Design Process Demystified*)。

设计历史、设计教育和设计艺术历史:徐江(2019)认为,这一设计研究领域的高被引学者包括舍恩(D. A. Schön)、拉图尔(B. Latour)、布坎南、克莱斯(G. Kress)、拉考夫(G. Lakoff)、曼奇尼(E. Manzini)、特沃斯基(B. Tversky)、巴特(R. Barthes)、恩赫(P. Ehn)、韩礼德(M. A. K. Halliday)和马格林。比较有趣的是,这里面包括外国语言文学界耳熟能详的学者拉考夫、巴特和韩礼德,他们的著述和思想在国内已经得到充分的传播,特别是韩礼德,他的绝大多数英文著作被国内出版社作为原著引进出版。其中,与设计艺术理论密切相关的著作《作为社会符号的语言》(*Language as Social Semiotic*)分别被外语教学与研究出版社于 2001 年和北京大学出版社于 2015 年引进出版其英文版本,但是并没有汉语译本。美国的舍恩、布坎南、马格林和意大利的曼奇尼等在设计界更为知名的学者的著作在中国也得到了比较充分的译介。但是,美国的特沃斯基的“视觉思维”思想和瑞典恩赫的“参与式设计”思想还有待译介。该领域的部分高被引学者著作的具体翻译情况如下。

首先,美国唐纳德·A. 舍恩的《培养反思的实践者》(*Educating the Reflective Practitioner*)是其《反思的实践者》(*The Reflective Practitioner*)一书的深入和拓展,分别由教育科学出版社于2007年和2008年出版(注:译者将reflective翻译为"反映"而不是"反思")。前者译者为夏林清,后者由郝彩虹、张玉荣、雷月梅和王志明四人合作翻译。其次,美国布坎南和马格林同为美国麻省理工学院出版的《设计问题》(*Design Issues*)杂志的资深主编,他们的著述在中国得到了比较充分的译介,特别是辛向阳和孙志祥的设计学术翻译团队精心选择了该杂志的重要论文,并陆续由清华大学出版社于2016年和2017年出版,2021年江苏凤凰美术出版社还继续出版该团队的相关译著。布坎南的"四阶设计"(Four Order of Design)等设计思想在国内设计界产生了广泛影响。北京大学出版社还于2018年出版了马格林的专著《设计,为乌托邦而奋斗:罗德琴科、利西茨基和莫霍利-纳吉》(*The Struggle for Utopia: Rodchenko, Lissitzky, Moholy-Nagy: 1917 - 1946*),译者为张馥玫、张长征和朱橙。再者,钟芳和马谨翻译了意大利埃佐·曼奇尼(Ezio Manzini)的《设计,在人人设计的时代:社会创新设计导论》(*Design, When Everybody Designs: An Introduction to Design for Social Innovation*),并由电子工业出版社于2016年出版。曼奇尼是米兰理工大学设计学教授(2010年退休)、格拉斯哥艺术学院名誉教授(2009年)。主要研究兴趣为社会创新设计,创立了旨在推广社会创新和可持续设计(DESIS)的国际网络DESIS,促进面向可持续发展的社会创新。最后,1999年,亚太图书出版社出版了克莱斯的著作《解读影像:视觉传达设计的基本原理》(*Reading Images: The Grammar of Visual Design*),译者为桑尼。

设计工程:该领域与设计认知领域存在一些交叉区域,多斯特、戈德施密特、西蒙、格罗(J. S. Gero)、查克拉巴蒂(A. Chakrabarti)对这两个领域的研究都做出了较大的贡献。除此之外,该领域的高被引学者还包括鲍尔(G. Pahl)、乌尔里克(K. T. Ulrich)、布朗宁(T. R. Browning)、斯通(R. B. Stone)、辛普森(T. W. Simpson)等。(徐江,2019)但是,格罗的代表作《功能-行为-结构》

(*Function-Behavior-Structure*, 2004)、鲍尔的《系统工程设计》(*Systematic Engineering Design*, 2013)、乌尔里克的《产品设计与开发》(*Product Design and Development*, 1995)、查克拉巴蒂的《SAPPhIRE 模型》(*SAPPhIRE Model*, 2005)、布朗宁的《设计结构矩阵》(*Multi-DSM*, 2001)、斯通的《功能性基础》(*Functional Basis*, 2000)及辛普森的《产品平台设计》(*Product Platform Design*, 2001)都没有得到译介,有着很大的译介空间。

设计管理:"设计管理领域研究涵盖了设计价值、创新生态、创新策略等研究热点……该领域中颠覆式创新、设计驱动创新与设计认知领域在绩效、决策等方面均紧密交叉。"(徐江,2019)该领域的高被引学者包括阿玛贝尔(T. M. Amabile)、库珀(R. G. Cooper)、艾森哈特(K. M. Eisenhardt)、切萨布鲁夫(H. W. Chesbrough)、维甘提(R. Verganti)、契克森米哈(M. Csikszentmihalyi)、维策尔(R. W. Veryzer)、冯·希佩尔(E. von Hippel)等。其中,阿玛贝尔的代表作《激发组织的创作力》(*Motivating Creativity in Organizations*, 1997)、艾森哈特的《理论建构之案例研究途径》(*Building Theories from Case Study Research*, 1989)、维策尔的《用户导向的设计的影响》(*The Impact of User-Oriented Design*, 2005)及冯·希佩尔的《创新的源泉》(*Sources of Innovation*,1988)尚没有汉语译本。以下是该领域的部分高被引学者著作的翻译情况。

契克森米哈系芝加哥大学心理系教授,他深受国内学界及译界的欢迎,他的四部重要著作都已经被翻译成了汉语。2009 年,中信出版集团出版了由张定绮翻译的《幸福的真意》(*Flow: The Psychology of Optimal Experience*),并先后于 2011 年和 2017 年出版了张定绮的复译本,书名分别为《当下的幸福:我们并非不快乐》和《心流:最优体验心理学》。其中,2017 年复译本在豆瓣网的评价人数高达 8000 多人(注:1993 年,天下文化出版公司出版了张定绮翻译的这部著作的首个译本,书名为《快乐,从心开始》)。2009 年,中信出版集团出版了由陈秀娟翻译的《生命的心流》(*Finding Flow: The Psychology of Engagement with Everyday Life*),并先后于2011年和2018年出版了陈秀娟的复译本《专注的快乐》和《发现心流：日常生活中的最优体验》。其中，2018年的复译本豆瓣网评价人数达到900多人。必须指出的是，这两部著作几经复译，每次复译的书名都不尽相同，但是都在最近的版本中复归到对书名进行直译。此外，1999年台湾时报文化出版了由杜明成翻译的《创造力》（*Creativity: Flow and the Psychology of Discovery*），2015年浙江人民出版社出版了这部著作的黄珏苹复译本；2019年世界图书出版社还出版了由朱蓉蓉翻译的《自我的进化——第三千年心理学》（*The Evolving Self: A Psychology for the Third Millennium*）。

切萨布鲁夫系哈佛大学技术学系和企业学系教授，他的代表作《开放式创新》（*Open Innovation*, 2004）针对企业在创新过程中面临的变革而提出了“开放式创新”的观点，强调外部知识对于创新过程的重要性。清华大学出版社于2005年引进了这部著作，译者为金马。此外，复旦大学出版社于2015年出版了朱晓明翻译的切萨布鲁夫与其他几位学者合著的《开放式创新》（*New Frontiers in Open Innovation*）。

维甘提是意大利创新管理专家、米兰理工大学领导艺术与创新教授。他创立了“设计驱动创新理论”，并荣获意大利设计界“金罗盘奖”。他的三部著作被翻译成汉语并出版，包括2018年人民邮电出版社出版的由吴振阳翻译的《意义创新：另辟蹊径，创造爆款产品》（*Overcrowded: Designing Meaningful Products in a World Awash with Ideas*）、2014年中国人民大学出版社出版的由戴莎翻译的《第三种创新：设计驱动式创新如何缔造新的竞争法则》（*Design-Driven Innovation*），以及2018年台北马可孛罗出版的由吕奕欣复译的《设计力创新》（*Design-Driven Innovation*）。其中，《第三种创新》于2009年被《商业周刊》评为“设计和创新图书”。

库珀是加拿大麦克马斯特大学德格鲁特商学院和美国宾夕法尼亚州立大学斯米尔商学院市场营销学教授，门径管理产品开发流程的奠基人。2005年，辽宁教育出版社出版了由张荔翻译的库珀的代表性著作《新产品组合管理》（*New Product Portfolio Management*）；2017年，电子工业出版社出版了该部著作第2版的汉语译本，译者为刘立和刘鸿雷。

人机工程与人机交互：对于人机工程和人机交互领域的研究，徐江（2019：49）曾经做出了以下概括：

> 人机工程领域研究与人机交互领域研究在人类学、工程心理学等主题上耦合度高……尤其是与注意力理论、多模态交互、情境感知等内容密切相关。随着以人为中心的设计理念的发展，人机交互研究领域……与设计工程领域研究、设计认知领域研究关联显著。人机交互领域涉及的人工智能、物联网等与设计工程领域的计算机辅助设计、优化算法等紧密相连。人机交互与心理学、行为学等多学科结合引发其与设计认知领域强关联……这种趋势将影响人工智能与设计科学的交叉与变革。新兴的用户体验研究俨然成为设计认知、人机交互、人机工程等领域研究共生的重要分支。

人机工程研究领域的高被引学者包括威肯斯（C. D. Wickens）、帕拉休拉曼（R. Parasuraman）、恩兹利（M. R. Endsley）、拉斯穆森（J. Rasmussen）、J. D. 李（J. D. Lee）、查芬（D. B. Chaffin）、马拉斯（W. S. Marras）、哈格伯格（M. Hagberg）等。在这八位高被引学者中，迄今只有威肯斯与霍兰兹（Hollands）合著的代表作《工程心理学与人的作业》（*Engineering Psychology & Human Performance*, 2015）被华东师范大学出版社于2003年作为“当代心理科学名著译丛”引进出版。译者朱祖祥出版过多部工程心理学和工业心理学专著，是该领域的资深学者。这部著作以人的认知信息加工心理学为基础，系统阐述与工程技术设计有关的心理学问题。但是，其他七位学者的代表性著作迄今尚无汉语译本，包括帕拉休拉曼的著作《人类与自动化交互》（*Human Interaction with Automation*, 2000）、恩兹利的《情境意识的理论模型》（*A Theoretical Model of Situation Awareness*, 1995）、拉斯穆森的《认知工作分析》（*Cognitive Work Analysis*, 1994）、J. D. 李的《自动化信任》（*Trust in Automation*, 2004）、查芬的《职业生物力学》（*Occupational Biomechanics*, 2006）、马拉斯的《职业性腰部疾患》（*Occupationally-*

Related Low Back Disorders,1993),以及哈格伯格的《职业性肌肉骨骼疾患》(*Work-Related Musculoskeletal Disorders*,1993)。

人机交互领域的高被引学者包括诺曼(D. A. Norman)、尼尔森(J. Nielsen)、卡罗尔(J. M. Carrol)、施奈德曼(B. Shneiderman)、哈森察尔(M. Hassenzahl)、多罗希(P. Dourish)和盖弗(W. W. Gaver)。与人机工程领域相似,该领域只有一位高被引学者的代表性著作被翻译成汉语,即尼尔森的《可用性工程》(*Usability Engineering*,1994),译者为刘正捷,2004 年由机械工业出版社出版。国际可用性工程界一致认为这部著作堪称该领域的最佳入门书籍。其他未得到充分译介的著作包括:诺曼的《以人为中心的设计》(*Human-Centered Design*,1988)、卡罗尔的《基于场景的设计》(*Scenario-Based Design*, 2000)、施奈德曼的《可用性问题》(*Usability Issues*,1986)、哈森察尔的《用户体验》(*User Experience*,2006)、多罗希的《具身交互》(*Embodied Interaction*,2004)及盖弗的《功能可供性》(*Affordance*,1991)。

综上所述,对于设计元研究高被引学者的代表性著作,设计认知及设计历史、设计教育和设计艺术历史领域的高被引学者的代表性著作的译介比较充分;设计工程领域和设计管理领域都只有一半的代表性著作被翻译成汉语;人机工程和人机交互领域都只有一位高被引学者的代表作被翻译成汉语。另外,对比分析高被译作者分布情况与设计元研究高被引学者著作翻译情况,我们发现,只有美国的布坎南和马格林及意大利的维甘提是高被译学者。由此可见,无论是在翻译选目方面,还是在翻译的体量方面,设计学术翻译都存在巨大的发展空间,可谓任重而道远。

第二节　设计学术著作翻译的译者群体及组合模式

一、主要译者群体

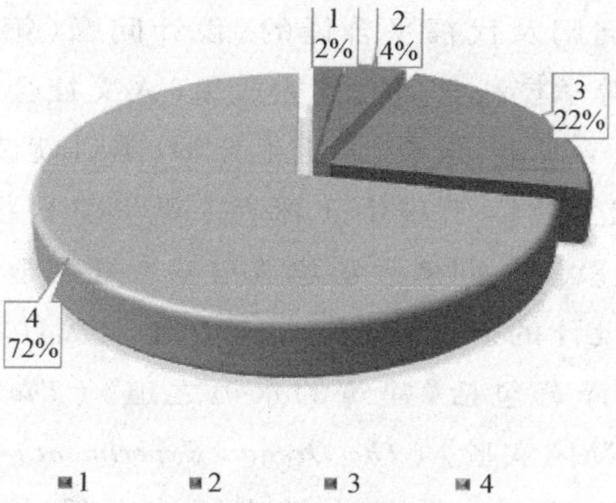

图 3.2　主要译者群分布

如图 3.2 所示，已出版 2 部及以上的译者（含合作翻译）为 48 人。其中，已出版 5 部设计学术译著的译者为 1 人（辛向阳），占 2%；已出版 4 部设计学术译著的译者为 2 人（孙志祥、谢宗哲），占 4%；已出版 3 部设计学术译著的译者占 22%，计 9 人（苏金国、陈晶、崔正秀、吕奕欣、盛洋、王毅、魏羽力、吴莉君、武传海）；已出版 2 部设计学术译著的译者占 72%，计 34 人（李乐山、侯婷、徐捷、常文心、陈玉洁、邓超、高詹灿、郭璇、何积惠、胡佑宗、贾子光、井迎兆、李婵、李淑贞、刘壮丽、罗茜、钱凤根、沈亦楠、涂纹凰、文学武、吴国庆、吴阳、武传海、徐立、徐苏宁、闫晋波、杨至德、姚孟吟、尹培桐、詹慕如、莊雅琇等）。在这些译者当中，大多数译者都具有设计学专业背景。

辛向阳：设计学教授，博士生导师，先后获得西维吉尼亚大学艺术学士、卡耐基梅隆大学交互设计硕士、设计哲学博士学位，2007 年在香港理工大学创办了中国首个交互设计专业。研究兴趣主要集中在交互设计、用户体验、服务设计、设计战略等新兴领域，提出了交互五要素、行为逻辑、从用户体验到体验设计、设计的蝴蝶效应（IDR 生活方式设计方法）等重要理论和方法。他的设计学术翻译主要为“设计问题”系列丛书。辛向阳、孙志祥等团队成员先后从美国麻省理工学院编辑出版的《设计问题》（*Design Issues*）杂志中精心选择重要论文进行翻译，然后按主题编辑成册于清华大学出版社陆续出版，产生了较好的社会及学术效应。其中，孙志祥、辛向阳及代福平合译的《设计问题（第二辑）》荣获教育部第八届高等学校科学研究优秀成果（人文社会科学）三等奖。

赵冰：建筑学博士、教授、博士生导师，本科就读于天津大学建筑系，硕士研究生就读于华中工学院（现华中科技大学）建筑学系，博士研究生就读于同济大学建筑与城市规划学院，主要从事城市规划与建筑设计的研究与创作，1995 年入选日本《世界建筑师 581 人》。主要译著包括《建筑的永恒之道》（*The Timeless Way of Building*）、《俄勒冈实验》（*The Oregon Experiment*）等。《建筑的永恒之道》原著 1975 年由牛津大学出版社出版，原作者亚历山大（C. Alexander）系美国建筑师协会颁发的最高研究勋章获得者，加州大学伯克利分校建筑学教授。该著作的汉语译本分别于 1989 年由中国建筑工业出版社出版，1994 年由台湾六合出版社出版，2002 年、2004 年和 2020 年由北京知识产权出版社出版。2002 年版本豆瓣评分 8.7，参评人数达 707 人。2020 版被评为“十三五”国家重点图书出版物。

李乐山：德国设计学首位博士、工业设计教授，兼任教育部工业设计教学指导委员会委员，是我国在国际工业设计学会的唯一成员，主要研究方向为产品设计方法和人机界面设计。已出版专著《工业社会学》《工业设计心理学》《人机界面设计》《工业设计思想基础》《设计调查》，出版译著《设计几何学》和《设计元素》。迄今，《设计几何学》（*Geometry of Design: Studies in Proportion and Composition*）存在多个汉语译本，被引总数为 487。其中，2003 年李乐山的译本被引次数占据了 309（截至 2020 年 12 月 30 日），达到 60% 以上，在学界取得了较好的学术影响。

二、主要翻译合作模式

数据显示，设计学术翻译著作的译者/责任者主要为个人，只有少数几部设计学术翻译著作的译者标注为机构，即出版社或翻译公司。例如，台北县博硕文化股份有限公司 2010 年出版的《如何成为数位艺术设计师：从一流前卫作品中学习设计核心与创意技巧》(*How to Become a Digital Art Designer?*)，2011 年出版的《设计趋势之上：培养与掌握设计的敏锐度》和《设计就是要与众不同：从提升创意思考的能力开始》系博硕文化编译或翻译；北京燕山出版社 2007 年出版的《展览论：博物馆展览的 21 个问题》(*On Display: A Design Grammar for Museum Exhibitions*)由环球启达翻译咨询有限公司翻译；山东画报出版社分别于 2013 年、2012 年和 2012 年出版的《就是设计》(*Just Design*)、《像设计师那样思考》(*Brand Thinking and Other Noble Pursuits*)、《设计师无影响》(*Designers Don't Have Influences*)由百舜翻译服务公司翻译。

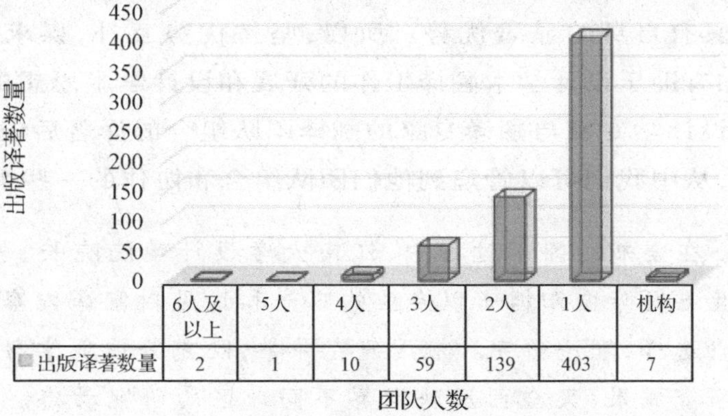

图 3.3　翻译团队人数及出版译著数量

图 3.3 中的数据表明，合作翻译出版的译著数量占 35%，而由一位译者独立完成的译著数量占 65%。Munday(2016:290)指出，合作翻译(collaborative translation)是需要加以研究的“新”现象，这种现象在非专业翻译群体中更为普遍，专业翻译往往更偏向于选择独立翻译模式。但是，随着网络技术的发展，合作翻译将会成为越来越普遍的翻译现象。徐梦莹和周杰(2018)撰文指出，合作

翻译出版模式是近年来在线合作翻译的新兴产物，全新的互联网思维有助于改变图书译著的出版方式，进一步促进中外文化平等交流和文明互鉴。当然，合作翻译并不是什么全新的翻译现象。"中国翻译史可以说是一部合作翻译史，从持续千年的佛经翻译到明末清初的科技翻译，再到晚清的翻译高潮，合作翻译扮演着重要的角色。"（刘立壹，2012）从设计学术翻译的合作翻译团队组成来看，成员关系也存在不同的组合模式，如设计学专家与翻译专家的组合（如：辛向阳 + 孙志祥），设计学专家与研究生组合（如：王向荣 + 王健；周博 + 朱橙、马芸）。成功的学术翻译往往离不开专家型的翻译，这样的范例不胜枚举。例如，建筑学教授曹礼昆主译的《风景园林设计要素》（*Basic Elements of Landscape Architectural Design*）豆瓣评分 8.9，被引 1000 多次（截至 2021 年 2 月 24 日）。笔者认为，设计学术翻译作为一种跨学科性和专业性很强的学术翻译，这两种组合模式是比较理想的合作模式。设计学专家在翻译书目选择和翻译对象的专业内容（特别是专业术语）的拿捏上具有比较明显的优势，而翻译专家在翻译语言的正确性、原作者语言风格传递等方面又具有自身的显著优势。所以，坚持优势互补，谋求强强联合，更加有助于设计学术翻译工作的开展和设计学术思想的传播。以下是设计学专家与翻译专家的翻译团队组合的译著后记中的部分内容，从中我们可以管窥到他们团队组合和协作的一些情况。

> 在全书的翻译过程中，江南大学设计学院院长、教授、博士生导师辛向阳博士以专业的眼光和远见对翻译内容进行了精心选择，理论研究和应用研究并举，既充分体现学科最新前沿研究成果，又全面反映世界不同地区的研究动态。主译之一江南大学外国语学院教授孙志祥博士对全书的翻译策略进行了统一管理，要求翻译团队准确地表达作者的学术观点，保证术语翻译的科学性和一致性，把握并再现作者的行文风格，让读者读到流畅通顺的译文。对图中文字采用在图的下方加注的形式。对于原文中的文内注，除翻译解释性注脚以外，标注文献与数据来源的脚注一般保留原文不译，便于读者查考。译者之一、设计学院代福平副教授和研究生张慧敏、李博文对

全书的图文进行了细致的和专业的编排。(转引自布朗等，2016:245)

第三节　设计学术著作翻译的影响力

设计的终极目标是为人类创造更美好的生活。同时,“设计”与“创新”乃孪生姊妹,创新驱动是国家命运所系。我国正处于转型升级的关键期,新业态、新模式、新领域的风起云涌呼唤具有国际视野又不乏中国特色的设计理论与人才。另一方面,“离开了学术翻译,学术研究很难获得其应有的理论广度和深度”(段德智，2017)。毋庸讳言,学术话语翻译在推动相关学术领域的发展方面发挥着重大作用(Pisanski，2019;汤茂林,2013;宋晓舟、林大津，2016)。

学术图书影响力评价的主要参数一般包括出版社声誉、版本和印次、发行量、引用率、被评论情况、同行评议等。考虑到本项目的数据获取情况,本节尝试主要通过设计学术译著的豆瓣评价指标评价设计学术译著的影响力,同时兼顾被评论情况和被引等情况。

一、豆瓣评价人数逾千的设计学术译著

数据显示,豆瓣网评价人数超过 1000 人(截至 2021 年 2 月 23 日)的设计学学术译著为 11 部(表 3.1),其中 1 部由台北建筑情报季刊杂志社出版,其他为大陆出版社出版。值得一提的是,在这 11 部豆瓣评价人数超过 1000 人的设计学术译著中,从译者来看,两部由苏金国主译,两部由侯婷翻译;从原作者国籍分布来看,3 部作者系日本国籍,其他 8 部作者系美国国籍。高被译作者包括美国的罗宾 · 威廉姆斯和程大锦,以及日本的原口秀昭。

表 3.1　豆瓣网评价人数较多的几部设计学译著

译著名称	出版时间	出版社	评分	评价人数
写给大家看的设计书(第 3 版)	2009	北京:人民邮电出版社	8.6	11981
上瘾:让用户养成使用习惯的四大产品逻辑	2017	北京:中信出版集团股份有限公司	7.4	3699
建筑:形式、空间和秩序(第 2 版)	2005	天津:天津大学出版社	8.9	3105
外部空间设计	1985	北京:中国建筑工业出版社	9	1886
写给大家看的设计书(第 4 版)	2016	北京:人民邮电出版社	8.7	1750
亚洲的书籍、文字与设计:杉浦康平与亚洲同人的对话	2016	北京:生活·读书·新知三联书店	8.5	1657
路易斯·I.康的空间构成:图说 20 世纪的建筑大师	2007	北京:中国建筑工业出版社	8.4	1382
IDEO,设计改变一切:设计思维如何变革组织和激发创新	2011	北京:北方联合出版传媒,万卷出版公司	7.5	1249
像建筑师那样思考	2009	济南:山东画报出版社	7.7	1104
建筑:形式、空间和秩序(第 3 版)	2013	天津:天津大学出版社	9.1	1072
设计几何学:关于比例与构成的研究	2003	北京:中国水利水电出版社	7.9	1028

如表 3.1 所示,苏金国主译的《写给大家看的设计书(第 3 版)》(*Non-Designer's Design Book*)和《写给大家看的设计书(第 4 版)》都受到了读者的广泛关注,豆瓣评价人数分别高达 11981 人和 1750 人,是唯一一部豆瓣评价人数超万人的设计学术译著,豆瓣评分也取得 8.5 以上的好评。这本书的作者罗宾·威廉姆斯是一位畅销书作者,也是一位在汉语界高被译的作者,这在设计学术翻译源文本作者分布一节中已有讨论,在此不再赘述。

美国尼尔·埃亚尔(Nir Eyal)和瑞安·胡佛(Ryan Hoover)著、钟莉婷和杨晓红译、中信出版集团股份有限公司 2017 年出版的《上瘾:让用户养成使用习惯的四大产品逻辑》(*Hooked: How to Build Habit-Forming Products*),其原著是一本畅销书。如果按照字面翻译原著书名的话,应该是《上瘾:如何打造养成习惯的产品》。可见,译者所翻译的书名进行了部分重拟,对原作标题所提出的问题给出了部分答案。从豆瓣评价来看,尽管这部著作的豆瓣评分7.2不是很高,但是评价人数多达3699人(注:这部译著的豆瓣评价基本上不涉及翻译质量问题)。

刘从虹翻译的《建筑:形式、空间和秩序(第2版)》(*Architecture: Form, Space & Order*)和侯婷翻译的《建筑:形式、空间和秩序(第3版)》也表现不俗,豆瓣评分分别高达8.9和9.1,评价人数分别为3106人和1073人。原著由John Wiley公司出版,作者程大锦系美国注册建筑师、西雅图华盛顿大学建筑系荣誉教授。他的多部有关建筑与设计基础知识的著作都成为畅销书籍,被翻译成汉语、法语、德语、俄语、意大利语、日语、韩语、西班牙语、葡萄牙语、挪威语、希腊语、土耳其语、泰语、印尼语、马来语等16种语言。该书的第2版译著被全国高等学校建筑学学科专业指导委员会推荐为教学参考书。但是,从豆瓣评价来看,很少有涉及翻译的评价。该书的2005年译本的内容提要中有如是的介绍:"综合来看,本书不仅英文原著是重量级的经典,中文版的编译也忠实体现了原有的图文特色,再配以中英文对照的编排方式更为书价'增值'。"

美国豪·鲍克斯(Hal Box)所著的《像建筑师那样思考》(*Think Like an Architect*),由姜卫平和唐伟合作翻译,2009年由山东画报出版社出版。尽管这部著作的豆瓣评价分数不是很高,只有7.7,但是评价人数多达1104人。鲍克斯系美国建筑师协会会员,得克萨斯大学建筑学院名誉教授、前任院长(1976—1992),其作品丰富,涉猎面广,包括学校、教堂、办公楼和商业建筑、住宅、居民区以及城市设计项目等。正如该书前言所说,这部经典之作以业内简洁的语言,通过16封书信,向读者道出了建筑设计及建筑师的魅力。

> 如果你想建一座建筑,而不是仅仅盖一座楼,那么你可以

> 有三个选择：雇用一个建筑师，自己成为一个建筑师，或者学会像建筑师那样思考。本书的内容涵盖上述三种情况：它是写给非专业人员的，同时也是学生、建筑爱好者、建筑工人、开发商、建筑委员会、教育工作者、建筑师以及那些有志于成为建筑师的人们的读物。本书关注的是，人们怎样投资才能获得最大收益，怎样才能使自己的生活过得更加优雅。
>
> 我的目的是与读者交流一些方法，从而告诉人们在进行建筑设计时必须注意的问题，而这些问题正是将要在这些建筑中居住的人们提高生活质量、改善周围环境所不能忽视的。（鲍克斯，2009：1）

由此可见，这部著作面向的读者群体宽广，写作目的切合读者需求——建筑投资收益，改善周边环境，提高生活质量。他的书信写作形式情真意切，很容易打动读者的心。在众多的豆瓣评价中，偶见对翻译质量的吐槽，但整体上认可著作的内容和写作风格。

蒂姆·布朗（Tim Brown）的著作《IDEO，设计改变一切：设计思维如何变革组织和激发创新》（*Change by Design: How Design Thinking Transforms Organizations and Inspires Innovation*，2009），由侯婷翻译，2011 年北方联合出版传媒（集团）股份有限公司万卷出版公司出版。这部译著尽管豆瓣评分只有 7.5，但是评价人数高达 1249 人。布朗是享誉国际的创新设计公司 IDEO 总裁，这部著作以及 2009 年 John Wily & Sons 出版社出版的美国哈特姆·艾斯林格（Hartmut Eslinger）所著的《一线之间：设计战略如何决定商业的未来》（*A Fine Line: How Design Strategies Are Shaping the Future of Business*）是研究设计策略的经典著作。

美国金伯利·伊拉姆（Kimberly Elam）所著的《设计几何学：关于比例与构成的研究》（*Geometry of Design: Studies in Proportion and Composition*）迄今已有 4 个汉语译本（不含再版在内），足见这部著作在中国受到的欢迎程度。这四个汉语译本包括北京知识产权出版社 2003/2013 年出版的李乐山译本、台北积木文化 2008 年出版的吴国庆译本、台北积木文化 2016 出版的吕佩钰和吴国庆译本、上海人民美术出版社 2018 年出版的沈亦楠和赵志勇译本。这四个版本的豆瓣评分及评价人数分别为7.9/1028、8.7/52、7.7/28和7.8/56。由此可见,2008年吴国庆版本豆瓣评分最高,超过8.5。但是,李乐山2003年版本的豆瓣评价人数多达1000多人。从被引次数来看,《设计几何学》被引近500次,其中60%以上的引用为李乐山的译本。总体而言,译著《设计几何学》取得了较好的学术影响。

如上所述,在这11部译著中有3部从日本引进出版。其一,日本著名建筑师芦原义信(1918—2003)所著的《外部空间设计》于1975年由日本彰国社出版,中国建筑工业出版社于1985年首次引进出版,译者为尹培桐(1935—2012),这部译著的豆瓣评分高达9,评价人数达1886人。2017年,江苏凤凰文艺出版社再版了这部译著。

杉浦康平编著的《亚洲的书籍、文字与设计:杉浦康平与亚洲同人的对话》由杨晶和李建华合译,北京生活·读书·新知三联书店于2006年出版,2016年再版。2006版豆瓣评价人数多达1657人,豆瓣评分为8.5(无论是豆瓣评价还是书评基本上都不涉及翻译问题),CNKI显示的被引近800次。这部著作收录了杉浦康平与中国、韩国及印度的六位著名设计大师吕敬人、黄永松、安尚秀、郑炳圭、R. K. 乔希(R. K. Joshi)、柯蒂·特里维迪(Kirti Trivedi)的对话。原著作者杉浦康平系国际知名平面设计家、书籍设计家、神户艺术工科大学名誉教授,被誉为亚洲图像研究第一人,主要著作包括《日本的造型·亚洲的造型》《造型的诞生》《生命之树·花的宇宙》等,对新生代创作影响深远。王尧和郭甜(2016)发表在《现代出版》上的书评《书籍装帧设计中的汉字艺术——从〈亚洲的书籍、文字与设计:杉浦康平与亚洲同人的对话〉谈起》也指出:

> 中、日、韩、印同处亚洲,有着近似的文化大背景,尤其是中、日、韩三国,地缘和文化都十分相近,不同国家设计师的设计理念也因此有着相似的内核,但由于不同视角和不同经历,各国设计师又具有设计思想和表现手法上的不同。他们就东方各国的文化异同,亚洲的书籍、文字、设计以及这三者之间的关系所进行的对谈,对本国的文化、文字以及如何将其融入实际设计工作的体会和经验都做出了很多思考,对于同行来

说，都是极其珍贵的经验和借鉴。（王尧、郭甜，2016：57）

2007年，中国建筑工业出版社出版了由徐苏宁和吕飞合译的日本原口秀昭所著的《路易斯·I.康的空间构成：图说20世纪的建筑大师》。这部著作从空间构成的视角，分析了路易斯·I.康（Louis Isadore Kahn）作品，并将他的空间构成与弗兰克·劳埃德·赖特（Frank Lloyd Wright）、密斯·凡·德·罗（Ludwig Mies van der Rohe）、勒·柯布西耶、阿尔瓦·阿尔托（Alvar Aalto）等20世纪巨匠的空间构成进行对比，不仅突出了各位大师的特质，而且对20世纪的发展历程作了历史性的反观。该书豆瓣评分达8.4，参评人数1382人，CNKI显示被引次数为100多次，是一部受到广泛关注的著作。从豆瓣评价内容来看，主要涉及该书的内容，几乎不涉及翻译问题。原作者原口秀昭1997年开始在东京家政学院大学住居学科担任专职讲师，是一位著作颇丰的学者，其他著作包括《20世纪——空间构成的比较分析》《构造力学超级解读法》《建筑法规超级解读法》等。

二、豆瓣评分高的部分设计学术译著

数据显示，截至2021年2月25日，设计学术译著豆瓣评分在8.5以上的译著约57部，约占有豆瓣评分译著的23%。考虑到评价的可靠性，我们选择了其中豆瓣评分在8.8以上、评价人数在100人以上的设计学术译著（表3.2），尝试分析这些译著获得好评的主要因素。

表3.2　豆瓣评分高的部分设计学术译著

译著名称	译者	出版时间	出版社	豆瓣评分	评价人数
运动中的视觉	周博、朱橙、马芸	2016	北京：中信出版社	9.3	174
艺术·设计的平面构成（修订版）	林征、林华	2018	南京：江苏凤凰科学技术出版社	9.2	121

（续表）

译著名称	译者	出版时间	出版社	豆瓣评分	评价人数
建筑:形式、空间和秩序(第3版)	侯婷	2013	北京:电子工业出版社	9.1	1073
设计入门教室:设计的基本规则	刘庆	2016	北京:中信出版社	9.1	459
外部空间设计	尹培桐	1985	北京:中国建筑工业出版社	9	1886
建筑:形式、空间和秩序(第2版)	刘从虹	2005	台北:建筑情报季刊杂志社	8.9	3106
深泽直人	路意	2016	杭州:浙江人民出版社	8.9	663
风景园林设计要素	曹礼昆、曹德鲲	1989	北京:中国林业出版社	8.9	579
现代建筑设计案例	魏羽力、吴晓	2005	北京:中国建筑工业出版社	8.8	259
社区设计	庄雅琇	2015	台北:脸谱出版	8.8	182

表3.2中的《建筑:形式、空间和秩序(第3版)》(*Architecture: Form, Space and Order*)、《外部空间设计》(*Exterior Design in Architecture*)和《建筑:形式、空间和秩序(第2版)》的评价人数超过1000人,我们在上一节已经进行了分析,这里不再赘述。

如表3.2所示,在这10部设计学术译著中,《运动中的视觉:新包豪斯的基础》(*Vision in Motion*)由周博、朱橙和马芸三人合作翻译,中信出版社2016年出版,豆瓣评分获得9.3最高分(被引54次)。首先,这部译著的原著作者匈牙利拉兹洛·莫霍利-纳吉(Laszlo Moholy-Nagy,1895 – 1946)是一位高被译作者。除了这部著作以外,他的其他多部作品也被作为“包豪斯经典译丛”引进出版,包括重庆大学出版社于2014年出版的由刘小路翻译的《新视觉:包豪斯设计、绘画、雕塑与建筑基础》(*The New Vision: Fundamentals of Bauhaus Design, Painting, Sculpture, and Architecture*)、重庆大学出版社2019年出版的由张耀翻译的《绘画、摄影、电影》等。拉兹洛·莫霍利-纳吉系匈牙利著名设计师、艺术家、摄影家,1923年至1928年任包豪斯设计学院教授,他是世界现代设计教育的奠基者,也是现代设计史上最重要的设计理念创新者和传播者之一。原著第1版由Paul Theobald & Co出版于1947年,这部译著依据的是其第8版,足见这部著作的生命力。全书有配图440幅,对1947年前后现代设计运动进行了详尽的介绍,对艺术和设计在现代世界中的地位和作用及设计与生活问题进行了深刻的反思。作者在著作的前言中指出:

> 这本书是为艺术家和艺术的门外汉写的,也是为那些关心我们自己和我们的文明之间关系的人而写的……《运动中的视觉》关注的则是芝加哥设计学院的工作,关于艺术与生活相互之间的关系,本书提供了一个广阔的、更具普遍性的视角。由于认识到艺术与我们生活密不可分,所以本书的基本前提即认为艺术和生活是一个整体。因而本书旨在给政治社会(politico-social)增加一个生物学的"权利清单",主张人类的基本素养,其聪明才智和情感需求以及身心健康都是相互关联的……
>
> 至于书中的插图,学院的教师和学生们的作品以及我自己的实验自然是合乎情理的来源。除此之外,我们还突出了这个国家抽象艺术家的绘画作品。他们使视觉的基础和其他表达手段变得明晰,其成就对于全世界创新人士的共同纲领而言是一个很好的证明……(莫霍利-纳吉,2016:XVII)

这部著作是美国现代设计教育的奠基之作,是现代设计思想划时代的经典之作。这部译著是设计经典译丛之一,得到杭间、王敏、邬烈炎、何人可、周至禹、许平等设计学领域知名学者的推荐。译著得到好评离不开优秀的翻译,这部著作的三位译者的学术背景皆为美术。其中,周博系中央美术学院设计学院讲师,拥有博士学位,主要研究领域为20世纪的艺术与设计、现代艺术史以及视觉文化研究;朱橙和马芸都是中央美术学院美术史系博士研究生。

江苏凤凰科学技术出版社2018年出版的由林征和林华合译的《艺术·设计的平面构成(修订版)》获得了9.2的豆瓣评分。部分豆瓣评价认为,该部译著"比台版翻译得通顺""读得酣畅淋漓”“书中有一些翻译错误，或感觉还可以再斟酌一番的地方，但是总的来说瑕不掩瑜”。这部著作的作者朝仓直巳（1929—2003）教授系设计家、亚洲基础造型学会第一任会长，先后在福岛大学教育学院、京都教育大学、筑波大学、文教大学教育学院等从事美术教育，主要著作包括《艺术·设计的平面构成》《艺术·设计的色彩构成》《艺术·设计的立体构成》《艺术·设计的光构成》《艺术·设计的纸的构成》等。《艺术·设计的平面构成》被多次复译，足见其受欢迎程度。最早汉译本由台北北星图书出版（豆瓣评分9.2，评价人数98人）、上海美术出版社分别于1987年出版和1991年再版，译者吕清夫系日本国立筑波大学硕士，曾是原著作者构成课程的学生。2000年，中国计划出版社出版了林征和林华的译本；2018年，南京江苏凤凰科学技术出版社出版了林征和林华合译的该书的修订版。《艺术·设计的平面构成》被引490多次，其中林征和林华的译本占90多次。

《设计入门教室：设计的基本规则》由刘庆翻译，2016年由中信出版社出版。这部著作是《设计入门教室》系列之一，该系列的作者为三位日本设计师伊达千代、内藤孝彦和坂本伸二。除《设计的基本规则》之外，该系列教材还包括《版面设计的原理》《文字设计的原理》《色彩设计的原理》。作者在设计领域有着丰富的经验，而且写作风格受到读者的欢迎。《设计的基本规则》的作者坂本伸二系日本新锐设计师，书中汇入了作者在设计第一线的实战经验，并配有大量案例和实战演练。豆瓣评价对该著作的实用性和逻辑性给予了很高的赞誉，认为与美国罗宾·威廉姆斯所著的《写给大家的设计书》系列具有异曲同工之妙。豆瓣评价中很少有涉及翻译的评价，这从一个侧面说明不存在翻译问题，偶有有关翻译的一则评价认为“译者貌似也翻译了《西文字体》读起来很通顺”。由于该书属于入门级书籍，未见CNKI被引数据。

日本深泽直人本人所著的《深泽直人》由路意译，2016年由浙江人民出版社出版。该译著入选罗永浩主编的“湛庐文化与思想系列丛书”。深泽直人是IDEO最早期设计师、无印良品灵魂人物。他从事设计30多年，作品赢得了广泛赞誉，获得50多项国际大奖,如美国 IDEA 金奖、德国 IF 金奖、“红点”设计奖、英国 D&AD 金奖、日本优良设计奖等,曾为苹果、爱普生、耐克、夏普、日立、东芝等国际知名公司做过产品设计。豆瓣评价中只有几则关于翻译的评价,认为“翻译挺好的,挺棒的”。此外,从该著作的内容简介我们也可以管窥到其受到读者欢迎的原因:

> 深泽直人本人亲自整理从未发表过的设计手稿,第一次360度全面介绍其作品、灵感来源、设计过程,从哲学、禅意的角度出发,以日常的所见所闻为设计来源,通过分析物与人的关系、提供人类生活便捷的角度开展并完成产品设计,最终告诉人们“物的八分目”“饭吃八分饱”的生活理念。(https://book.douban.com/subject/26865865/)

美国著名景观设计师、俄亥俄州大学教授诺曼 · K. 布思(Norman K. Booth)的著作《风景园林设计要素》(*Basic Elements of Landscape Architectural Design*)1989 年由中国林业出版社出版,2015 年北京科学技术出版社再版,由曹礼昆和曹德鲲翻译。该书用通俗易懂的语言、简练明确的图表全面系统地阐述了园林规划设计的要义。主译曹礼昆系建筑学教授,主要研究方向为规划与设计理论和实践、BIM 信息模型理论与技术、景观设计基本要素与设计逻辑。正如孟兆祯为该书所作的序指出的那样,“译者忠于原著的构思和论证的逻辑性,充分地发挥了园林规划设计专业人员在翻译专业书籍方面的有利条件”(转引自诺曼 · K. 布思,1989:3)。

《现代建筑设计案例》(*Modern Architecture Through Case Studies*)由英国彼得 · 布伦德尔 · 琼斯(Peter Blundell Jones)著、魏羽力和吴晓译,中国建筑工业出版社于 2005 年出版。正如以上多个案例所表明的那样,好的译著在豆瓣评价中几乎不涉及翻译问题,看来最好的翻译就是读者看上去像原著的翻译。以下为该著作的内容提要:

> 作者精深的研究方法为现代主义运动被隐藏的传统和多样性提供了可信的论据,而案例研究的方式有助于揭开围绕着现代建筑及其理论的复杂急诊,这是对建筑学的革命性时

期美好回顾，涉及了很多时至今日仍在争论中的问题。(https://book.douban.com/subject/1636502/)

台北脸谱于2015年出版由庄雅琇翻译的《社区设计：重新思考"小区"定义，不只设计空间，更要设计"人与人之间的联结"》，原著作者为日本的山崎亮，是一位高被译学者，共有7部著作被翻译成汉语（不包括复译），这在本章的第一节中已有讨论。所有豆瓣评价中无有关翻译的评价。

简而言之，从出版社的角度来看，2部由台湾出版社出版，其他8部为大陆出版社出版；从原著作者的国籍角度来看，5部作者系日本国籍，3部作者系美国国籍，1部作者系匈牙利国籍，1部作者系英国国籍；从原著的写作语言来看，5部原文为日语，5部原文为英语。初步分析表明，译著是否能够获得豆瓣较高评级首先取决于原著本身所研究的主题和研究水平，另外一个不可或缺的因素就是翻译。高被译作者的原著更容易获得好评。在以上所分析的10部作品中，高被译作者包括美国的程大锦、日本的山崎亮和匈牙利的拉兹洛·莫霍利-纳吉。在豆瓣评级较高的情况下，一般涉及翻译的评价很少，甚至没有。这从一个侧面表明，读者普遍比较欢迎通顺流畅的译文，这种译文往往给读者带来阅读原创作品一样的阅读体验，因而不会产生妨碍阅读和理解的情况。此外，在原著内容比较通俗或属于入门级的情况下，由于内容易懂，有关翻译的抱怨也很少。

三、部分豆瓣评分不理想的设计学术译著

数据显示，在我们所关注的600多部译著中，有豆瓣评价的译著数量占40%左右，这从一定程度上说明，一半以上的设计学术译著并未得到读者的高度关注。此外，豆瓣评分低于6的设计学术译著在所有设计学术译著中占比不到1%，数据基本表明，受到读者关注的设计学术译著的整体翻译质量较好。表3.3列举了部分豆瓣评分不理想的设计学术译著（评分5.5以下，评价人数25人以上）。

表 3.3　部分豆瓣评分不理想的设计学术译著

译著名称	出版时间	出版社	评分	评价人数	被引
时尚设计史：从“新风貌”到当代	2014	济南：山东画报出版社	4.3	30	3
日常生活中的设计 2，设计师的世界	2014	北京：中信出版社	4.9	26	1
设计趋势之上：培养与掌握设计的敏锐度	2011	北京：电子工业出版社	5.2	50	4

《时尚设计史：从“新风貌”到当代》(*History of Fashion: New Look to Now*)的原著作者为英国琼·马什(June Marsh)，由 Artis 出版社于 2014 年出版。该著作由邵立荣与徐倩倩合作翻译，济南山东画报出版社于 2014 年出版。译著的豆瓣评分为 4.3，评价人数为 30，被引次数为 3，未见相关书评。豆瓣评价中不乏抱怨翻译质量的评价。例如，将品牌“GUESS 翻译成‘猜猜看’”“翻译太不走心了”“翻译是垃圾”等诸如此类的情绪化评价。译著能与原著同年出版，可见出版社的高效率。当然，GUESS 是一个知名服饰品牌，中文一般音译为“盖尔斯”，出现“猜猜看”这种低级翻译错误的原因或许是译者大意，或许是译者缺乏相关的背景知识。此外，从书名的翻译来看，部分读者可能并不知晓副标题中“新风貌”的内涵。事实上，1947 年 2 月，Christian Dior 为各大媒体展示了 90 个秀场造型，整个系列的轮廓都是前所未见的，New Look(细腰、夸张的臀部，性感的女性身形弧度，等等)也因此在时尚史上谱写了新的篇章。所以，标题中的 New Look 同时反映了一个时间节点，这样才会有从 New Look 到现今的时尚设计史。由此，我们不妨把书名翻译为《时尚设计史：从二战迪奥“新风貌”至今》。

《日常生活中的设计 2，设计师的世界》由韩国金宣我著、吴阳翻译。这是由三部著作组成的丛书之一，另外两部为《日常生活中的设计 1，让你了解设计真相的 50 个问题》(韩国金宣我著，刘毅婷译)和《日常生活中的设计 3，像设计师一样去思考》(韩国罗建著，吴阳译)。该系列译著均由北京中信出版社于 2014 年出版。

该系列译著1、2、3的豆瓣评分分别为6.0、4.9和6.2。该系列译著的豆瓣评价普遍反映著作内容一般。《日常生活中的设计2,设计师的世界》被引次数为1,无相关书评。豆瓣评价中并没有有关翻译质量的评价,而是主要涉及著作的内容,如"假大空""较为散乱""主要讲一些设计师的故事,适合消遣的时候来看看""最后几页介绍各界设计师的还蛮喜欢~前面是废话"等。《设计趋势之上:培养与掌握设计的敏锐度》的第一作者是上述"日常生活中的设计"系列著作之三的作者罗建,由博硕文化翻译,电子工业出版社于2011年出版。该译著的豆瓣评分为5.2,被引次数为4,无相关书评。豆瓣评分低的主要原因是该著作缺乏内容,如"书的设计还行,但是干货不多""有价值的信息量太少""卡通画还不错,内容一般"。

总之,如果一部译著要取得较好的社会及学术影响力,原著的地位和内容至关重要。换言之,译当译之书是每一位译者和每一个出版机构所必须考虑的首要问题。上述两部从韩国引进的著作就在一定程度上存在选择不当的问题。其次,翻译质量是译著立命的法宝,只有称职的翻译才能不负原作者、不负读者(何谓称职的学术翻译?我们将在后面再来讨论这一问题)。一般而言,专家型翻译团队组合,即设计学专家与翻译专家的组合,不失为一种比较理想的翻译团队组合。

第四章　设计学术著作书名的翻译

书名是一部著作的精华和灵魂的标签，在吸引和引导读者购买和阅读方面发挥着重要的作用。朱树飏（1985）在论及文学书名及文名的汉译时所发出的感慨对我们讨论设计学术著作的书名翻译不乏启迪。

> 每当翻阅一些外国文学作品的中译本或阅读一些用中文写的外国文学史时，我常常被各色各样的书名、文名所吸引。有的译得很好，既忠实，又传神；有的则牵强附会；有的甚至全然译错了。在一本长达二三十万字的小说中，译错了几个字，是难免而不足怪的。但如果把书名译错了，就会给读者一个错误的印象，甚至会影响到他读这本书时的兴趣。因此，切不可小看了这区区几个字的译法，它有关大局，是个值得研究的问题。再则，从一个书名的翻译中，读者不仅可以看出译者的中外文水平，还能进一步了解他翻译时所遵循的翻译理论、原则。（朱树飏，1985:13）

第一节　书名翻译的基本原则

书名翻译问题自有著作翻译开始就已存在，是一个历史久远的问题。不少学者也已指出了书名翻译中所存在的种种问题。王宏（2006）从 Translation Studies 的一词两译问题开始，质疑了“国外翻译研究丛书”中所存在的书名翻译问题。袁品荣（2000）更是一针见血地指出了书名翻译中的浮躁问题：“书名翻译之不易，翻译史上多有误译。告诫译者在翻译书名时忌浮躁，多查考。首先要做到正确，其次要求简明，如果原名含蓄，译名最好也给读者留出想象的空间。"这里暗含了几个普遍的原则问题。一是译者应秉承译者所应具有的伦理道德,抛弃浮躁的心态,恪守一个"诚"字;二是书名翻译要在内容上求真,确保正确性和科学性;三是书名翻译要充分体现标题普遍存在的简明性等特点;四是书名翻译要恰当处理具体标题所特有的风格特征,特别是标题所承载的附加信息,处理好隐性翻译与显性翻译之间的关系,可以含蓄表达的绝不可因直言不讳的显化翻译而剥夺读者应有的想象空间和联想。书名不仅仅是一个具有标识功能的符号,更是蕴含着某种难以言说或者不言而喻的特殊意义。即便是科技著作的名称翻译,也应考虑它所承载的历史文化等附加信息。(金其斌,2018)

此外,译著书名和原著书名的形式上的不对应问题是一个很普遍的问题。李小龙(2018)就以西方小说翻译为例,指出翻译中的书名改拟现象缘来已久,"西方小说译入中国之初,译者往往会为译作改拟一个中国式书名以规避读者的文体不适"(李小龙,2018:41),但是后来这种"汉化"的改拟随着中国读者对西方小说文体的认知和接受又逐渐走向"欧化"。这种改拟不乏"译者策略性改拟,或出自商业性考虑"(李小龙,2018:41)。

从翻译策略来看,书名的翻译也要顾及整体的翻译策略,以及封面与正文所存在的互文性关系问题。龚波(2019)针对《世说新语》的书名翻译指出,"马瑞志的翻译以直译为主,可将书名改译作'Shih-shuo Hsin-yü: Contemporary Tales and New Speeches'"(龚波,2019:166)。显然,"封页上的书名文字能指没有上下文可以参照呼应,其文化背景也不容易等效翻译入汉语之中,这就导致原文书名能指与所指关系不能等效对应"(王敬慧,2018:70)等翻译问题。此外,封页上的书名包含的关键词汇的翻译也会对这些术语在著作其他段落中的翻译带来一致性等问题,或者说封面上的书名的翻译与段落中相应文字的翻译存在互文性关系,这是一个不容忽视的原则。例如,徐国栋(2014)在讨论西塞罗的 *De Re publica* 的汉译书名时指出:

> 西塞罗的 *De Re publica* 是追随柏拉图的 *Politeia* 写的,两者的结构和内容类似。西塞罗把 *Res publica* 设定为与 *Politeia* 同

义。既然有人把 *Politeia* 翻译为“宪法”，则也有可能把 *De Re publica* 翻译为《论宪法》。但 *De Re publica* 的传统译法是《论国家》和《论共和国》。然而，在翻译 *De Re publica* 为中文的过程中，许多段落中的 *Res publica* 一旦被翻译为“国家”就难解甚至不通，一旦被翻译为“宪法”则易解而通畅。所以，西塞罗的 *De Re publica* 应翻译为《论宪法》或《论真正的宪法》。（徐国栋，2014：121）

周志（2020）认为，对于设计学术著作的翻译而言，在主题、内容和学术价值选择和把控等方面都存在不少问题，有些译著标题则显得比较俗套。下面我们以部分设计学术专著的书名翻译为例，详细讨论其中所存在的一些典型翻译现象和问题。

第二节　书名翻译中的营销功能考量

如上所述，部分书名翻译的重拟往往是出于营销因素的考量。在设计学术著作的翻译中，这一点表现得可谓淋漓尽致。特别是台湾地区的译者，他们在书名的翻译中似乎比大陆译者更多地考虑如何吸引读者、如何赢得读者的注意力、如何激发读者的阅读和购买愿望。

一、运用夸张煽情性词汇和时代热词

要想使书名能够实现营销功能，其翻译策略之一就是恰当选择或增加具有一定夸张煽情性词汇和时代热词。

案例1：2017 年，重庆大学出版社引进了建筑界娱乐杂志 PIN-UP 创始人费利克斯·伯里奇特（Felix Burrichter）的著作《百无禁忌：PIN-UP 与设计师谈跨界》（*The PIN-UP Interviews*），其中文译者为毕晓梅。不难看出，“百无禁忌”这样的夸张性增词给读者带来了很多想象空间。同时，译者增加了“跨界”这样的热词。此外，译文题目比原文更具体，强调的是对设计师的访谈（尽管实际的受访对象包括建筑师、设计师、艺术家）。这些访谈是该刊自 2006 年办刊以来最精彩的 50 个访谈。接受访谈的大师包括：建筑师

大卫·阿贾耶(David Adjaye)、坂茂(Shigeru Ban)、里卡多·波菲(Ricardo Bofill)、大卫·奇普菲尔德(David Chipperfield)、扎哈·哈迪德(Zaha Hadid)、石上纯也(Junya Ishigami)、雷姆·库哈斯(Rem Koolhaas)、彼得·马里诺(Peter Marino)、理查德·迈耶(Richard Meier)和埃托·索特萨斯(Ettore Sottsass);艺术家丹尼尔·阿舍姆(Daniel Arsham)、塞普里安·盖拉德(Cyprien Gaillard)、西蒙·藤原(Simon Fujiwara)、奥斯卡·图阿松(Oscar Tuazon)、弗朗切斯科·维佐利(Francesco Vezzoli)、鲍里斯·里贝特斯(Boris Rebetez)、勒特纳(Rettna)、罗伯特·威尔逊(Robert Wilson)和安德罗·维库(Andro Wekua);设计师拉斐尔·德·卡德纳斯(Rafael de Cárdenas)、马丁诺·甘珀(Martino Gamper)、里克·欧文斯(Rick Owens)、赫迪·斯利曼(Hedi Slimane)、比桑·劳拉·伍德(Bethan Laura Wood)和克莱蒙·塞勒斯(Clémence Seilles)。

案例2:由杨久颖翻译、台湾新北缪思出版社于2012年出版、台湾奇光出版2017年再版的《好设计! 打动人心征服世界:全方位了解产品设计的第一本书》,确实是一本受到市场欢迎的书。该书原著作者是英国的保罗·罗杰斯(Paul Rogers)和亚历斯·弥尔顿(Alex Milton),由Laurence King出版有限公司于2011年出版。有趣的是,原著书名非常简洁,只有两个英文单词:*Product Design*(产品设计)。据该书内容提要介绍,《产品设计》一书全面介绍了产品设计领域和产品设计师所发挥的重要作用,涵盖了新产品开发所涉及的从概念设计到制造、从原型制作到市场营销等所有阶段和活动,鼓励读者挑战常规,以新颖刺激的方式进行思考。中文翻译书名为《好设计! 打动人心征服世界》,副标题是《全方位了解产品设计的第一本书》,正副标题加在一起却长达27个汉字。当然,这个中文译名中包含了"产品设计"这一关键词,但是出现在副标题中。汉语标题不乏广告性的语言,如"好设计! 打动人心征服世界""第一本书""全方位"等。可以看出,该书的汉语书名翻译充满了市场营销的元素。

案例3:由吴静惠翻译、台湾台北轻刻出版的《好设计·好故事:创造附加情感价值的美学设计》采用了类似的翻译技巧。原书作者系英国盖文·安布罗斯(Gavin Ambrose)和保罗·哈里斯(Paul Harris),原著书名也是仅有两个英文单词 *Graphic Design*(平面设计),但是中文书名包括副标题在内长达21个汉字,包括广告性的文字“好设计·好故事”。

案例4:台湾原点于2017年出版的由吴莉君翻译的《建筑的元素:形式·场所·构筑,最恒久的建筑体验、空间观与设计论》原作者为瑞士皮耶·冯·麦斯(Pierre Von Meiss)。该书的英文书名为8个英文单词 *Elements of Architecture: From Form to Place + Tectonics*。其汉译书名却很长,多达31个汉字。显然,与原文对应的译文是《建筑的元素:形式·场所·构筑》,或者《建筑的元素:从形式到场所+构造》,所以“最恒久的建筑体验、空间观与设计论”应该是译者的添加,“最恒久的”不乏夸张煽情成分。

但是,不恰当的蹭热词未必能获得读者的好评和认可。例如,《爆款的套路》(*Hunch: Turn Your Everyday Insights into the Next Big Thing*)是伯纳黛特·吉娃(Bernadette Jiwa)的代表作。作者是商业创新和品牌营销领域的权威,曾出版5本关于营销和品牌打造的著作,而且都成为畅销书。该汉语译本的译者为柳林,2019年由四川人民出版社出版。译著的封面还印着以下广告性语句:澳大利亚国民级商业创意教练口碑力作,简单到不可思议的爆款创意生成公式……但是,该部译著并没有获得很好的豆瓣评分,部分评论认为,“书名翻译得不好,可能是为了蹭热度。但是话糙理不糙,讲得还可以吧,有一些比较实用”“书名具有欺骗性,内容还不错”“看到书名,以为是写爆款文章的套路,没想到是一本关于商业创意的书,不是很复杂的那种”。事实上,这部著作所推介的是“爆款的创意套路”。

二、插入具有说服力的数字

要想使书名能够实现营销功能,其翻译策略之二就是插入或者增加具有说服力的具体数据或数字。

案例1:北京中国青年出版社2015年出版了叶姗的译著《概

念艺术家的30堂视觉表现课:色彩·光影·构图·解剖·透视·景深》,其原著书名为 *Art Fundamentals: Color, Light, Composition, Anatomy, Perspective and Depth*,由英国3DTotal.com公司编著。珍妮·纽厄尔(Jenny Newell)在该书的导言中指出:"我们最终奉上的这本著作……其主题在书名中体现得淋漓尽致。书中介绍了艺术中常见的一系列基本要素,同时也相应地介绍了这些要素的技法,将作者之前没有完成的图像转变为在视觉效果上更加赏心悦目的成功艺术作品。"(叶姗,2015:4)译者将原书名的前半部分"艺术基本要素"具体化翻译为"概念艺术家的30堂视觉表现课","30堂"这样带有具体数字的表述更加夺人眼球,让读者感觉到这是一本物有所值的著作。

案例2: 由耿瑞翻译、上海人民美术出版社于2020年出版的《好设计是这样想出来的:给设计师的30种创意思考法》也是如此。原著书名为 *Graphic Design Thinking: Beyond Brainstorming* 只有5个英文单词,字面翻译成汉语"平面设计思维:超越头脑风暴",也就"6+6"个汉字,但是实际汉语版书名包括副标题在内为23个汉字,译者插入了"30种"这样的具体数字,而且与该书的内容高度吻合。以下是该书的内容提要:

> 面对新项目,常常头脑一片空白?其实,有意识地用这30个方法训练自己的思维,能极大地提升你快速产出创意的能力。马里兰艺术学院MFA主任埃伦·勒普顿梳理出每一个设计项目必经的三大阶段:定义问题;获得灵感;创造形式——无论你在哪一阶段陷入瓶颈,她都将提供大量干货技巧,用这30个创意思考法,帮你突破思维限制,找到创意关键。(https://book.douban.com/subject/34999287/)

案例3:《窥探大师的草图本:31位设计师的创意笔记》(*Sketchbook: Conceptual Drawings from the World's Most Influential Designers*)由英国提摩西·欧·唐纳尔(Timothy O'Donnell)著、金黎晅译,上海人民美术出版社经Rockport出版社公司授权于2012年出版。该部著作探析了创意生发过程,为读者展现了当今世界级设计大师独辟蹊径的设计思维，以及作品背后鲜为人知的创意过程。译者将原文副标题中“世界最具影响力的设计师”具体化为“31 位设计师”，让读者非常直观地了解到著作所涉猎的世界大师的数量。不过，如果主标题选择“窥探世界级大师的草图本”可能会更好一些。

案例 4：2015 年人民邮电出版社出版了由陈莞荑翻译的《设计之外：比修图更重要的 111 件事》，其原著为美国 New Riders 出版公司 2013 年出版的美国迈克尔·让达（Michael Janda）所著的 *Burn Your Portfolio: Stuff They Don't Teach You in Design School, but Should*。从豆瓣的评价来看，读者比较认可译著的翻译质量。如果字面翻译该书的标题，汉语为《把代表作选辑都烧了吧：设计课堂该教但没教的东西》。其实，作者迈克尔·让达把这些该教而没教的内容细化为 111 点，归纳为 5 大类，即为人之妙（1—22 点，言谈举止和社交技巧就像你的 P 图技巧一样重要）、艺术之妙（23—46 点，不靠“运气”，要靠灵活的流程、策略和技巧）、沟通之妙（47—61 点，摘下耳机，多跟身边的人交流）、取悦上司（62—78 点，学会应对上级，打开成功之门）、设计师的生意经（79—111 点，没接受商业训练就干设计，那就像没学过跳伞就跳出机舱一样——死定了）。可以看出，译者把 stuff 具体化翻译为 111 件事，即把“111”直接放在标题当中，是一个很不错的选择。此外，值得一提的是，portfolio 是一个多义词。在金融投资语境下，portfolio 最常见的含义为“（投资者所持有的）投资组合”；在教育语境下，portfolio 意为“学习档案”较为常见，这在西方非常普遍，但对于中国学生而言，比较熟悉的是“听课笔记”；在艺术设计语境下，portfolio 一般是指“（艺术家等的）代表作选辑”。所以，如果把书名翻译成为《把代表作选辑都烧了吧：设计课堂该教但没教的 111 件事》，则与原著标题比较接近，唯一的不足就是稍长了一些。

案例 5：《三十四位顶尖设计师的思考术》第 1 版和第 2 版均由郭宝莲翻译，中信出版社分别于 2011 年和 2016 年出版，其原著为美国史蒂文·赫勒（Steven Heller）和埃莉诺·佩蒂特（Elinor Pettie）合著的 *Design Dialogues*（《设计对话》）。该部著作实为对

34 位设计师、艺术家、作家和媒体制作人的访谈。2011 年出版的汉语版的封面左上角印上了这些大家的汉语译名(2016 版又删除了),他们包括:马西莫·维格涅里(Massimo Vignelli)、保罗·兰德(Paul Rand)、斯蒂芬·多伊尔(Stephen Doyle)、乔纳森·巴恩布鲁克(Jonathan Barnbrook)、乔纳森·霍夫勒(Jonathan Hoefler)、迈克尔·伊恩·凯(Michael Ian Kaye)、达纳·阿内特(Dana Arnett)、克里斯·普尔曼(Chris Pullman)、何塞·孔动(Jose Conde)、尼古拉斯·卡拉韦(Nicholas Callaway)、乔治·路易斯(George Lois)、菲利普·梅格斯(Philip Meggs)、里克·普雷林格(Rick Prelinger)、丹·索罗(Dan Solo)、里克·波因纳(Rick Poynor)、埃伦·勒普顿(Ellen Lupton)、凯瑟琳·麦科伊(Katherine McCoy)、约翰娜·德鲁克(Johanna Drucker)、伊万·切尔马平夫(Ivan Chermayeff)、米尔顿·格拉泽(Milton Glaser)、迈克尔·比鲁特(Michael Bierut)、休·科(Sue Coe)、斯图尔特·埃文(Stuart Ewen)、拉尔夫·金兹伯格(Ralph Ginzburg)、蒂博尔·卡尔曼(Tibor Kalman)、理查德·索尔·沃尔曼(Richard Saul Wurman)、迈克尔·雷·查尔斯(Michael Ray Charles)、莫里斯·怀斯格鲁德(Morris Wyszogrod)、朱尔斯·费弗(Jules Feiffer)、罗德尼·格林布拉特(Rodney Alan Greenblat)、戴维·沃格勒(David Vogler)、埃德温·施洛斯伯格(Edwin Schlossberg)、罗伯特·格林伯格(Robert Greenberg)和约翰·普伦基特(John Plunkett)。译者将原标题重拟为《三十四位顶尖设计师的思考术》,比较具体,但是缺点之一是这 34 位大师并不都是顶尖设计师。

案例 6:《设计师的字体应用术:117 款设计师必知的好用字体造型辨识、实用图例解析》(*The Field Guide to Typography: Typefaces in the Urban Landscape*)系英国彼得·道森(Peter Dawson)所著,王翎和林怡德合作翻译,台北麦浩斯出版社于 2015 年出版。如果将原著书名字面直译,那么汉语书名为《字体应用指南:城市景观中的字形》。译者将书名副标题具体化为“117 款字体造型”,而且表示包含使用图例解析。这对于读者而言,比较具有吸引力。从该书的内容简介来看,其主要特点包括“认识字体背后的设计概念”“直击字体的应用与效果”“区别易混淆字体的造型差异”，所以译者重拟的书名是比较恰当的，唯一的不足是不够简练，正副标题合计 33 个汉字，同时忽略了该著作主要关注的领域，即城市景观设计。

案例 7：中信出版社于 2017 年出版的由钟莉婷和杨晓红合作翻译的《上瘾：让用户养成使用习惯的四大产品逻辑》，其原著 *Hooked: How to Build Habit-Forming Products* 是由美国尼尔·埃亚尔和瑞安·胡佛合著的一本畅销书，译著也受到广泛关注，在豆瓣网的评价人数也多达 3500 多人。译者翻译的书名中添加了“四大产品逻辑”，为原著书名提出的问题给出了部分答案。从营销角度来看，这一书名中添加的数字对于读者而言具有一定的吸引力。

案例 8：美国佩格·菲蒙（Peg Faimon）和约翰·维甘（John Weigand）合著的 *The Nature of Design: How the Principles of Design Shape Our World — From Graphics and Architecture to Interiors and Products*，主副标题合计 20 个词，台北马可孛罗文化于 2009 年出版的由洪慧芳所译的书名《设计·原点：优质设计通用十大法则》为 14 个汉字。其中，将 nature 译为“原点”，不得不说是一个不错的翻译。此外，如果将原著的副标题字面直译应该是“设计法则如何影响我们的世界——从平面及建筑设计到室内及产品设计”，这个副标题显得比较繁杂。既然影响范围很广，译者将这些法则抽象为通用法则就不无道理。此外，从著作的具体内容来看，这些法则包括统一和多元（Unity & Variety）、群组（Grouping）、韵律和图样（Rhythm & Pattern）、连接（Connection）、对比（Contrast）、背景和缩放（Context & Scale）、平衡（Balance）、布局（Placement）、比例（Proportion）、意义（Meaning），所以译者具体化翻译为“十大法则”。这种“十大法则”的数字添加显得非常恰当。有趣的是，2012 年上海人民美术出版社出版了张晓飞编译的复译本，书名为《设计·原点：优质设计通用十大法则》，将“通用十大法则”改为“十大通用法则”，这种语序更加符合现代汉语的使用习惯。图 4.1 是原著及两个汉语版本的封面，从中我们可以直观地领略到作者和译者的用心。

图 4.1　原著及译著的封面

案例 9：美国威廉·立德威（William Lidwell）、克莉汀娜·荷登（Kritina Holden）和吉儿·巴特勒（Jill Butler）合著的 *Universal Principles of Design*，自 2003 年初版以来，已经经过多次修订，先后被翻译成为法语、德语、西班牙语、葡萄牙语、意大利语、荷兰语、捷克语、克罗地亚语、俄语、日语、韩语、汉语（简体字和繁体字）等多种语言，版本多达 30 多个，是一本畅销书。汉语译本也有 4 个（图 4.2），成为名副其实的经典工具书。有趣的是，除了 2010 年辽宁科学技术出版社出版的李婵翻译的《设计的法则》与原著一样不带数字以外，其他的三个译本都增加了数字。2005 年，上海人民美术出版社出版了刘宏照翻译的《最佳设计 100 细则》；2008 年，台北原点出版了吕亨英翻译的《设计的法则：100 个影响认知、增加美感，让设计更好的关键法则》；2019 年，中国画报出版社出版了陈丽丽和吴奕俊合作翻译的《设计的 125 条通用法则》（原著新增 25 条法则）。相比较而言，2019 年的汉语书名与原文书名相比，只添加了数字“125 条”，既忠实于原文、符合标题的简洁性原则，又不乏对读者的吸引力。

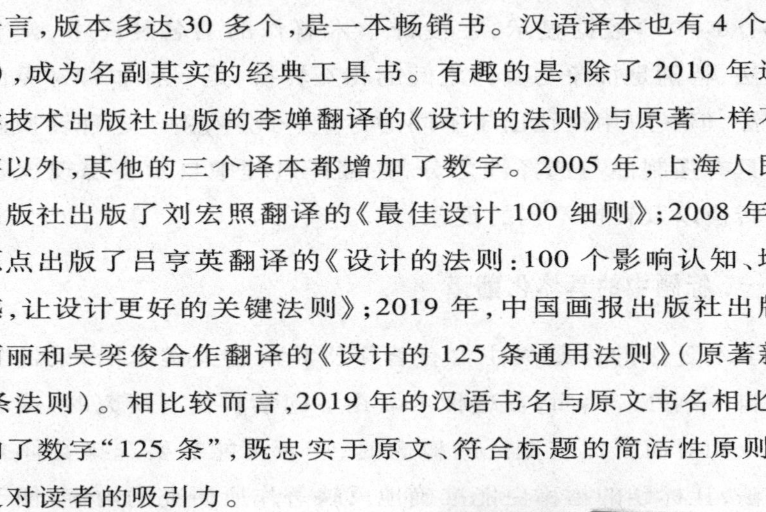

图 4.2　四个译本的封面

以上我们分析了在汉语翻译书名中适当添加数字的翻译案例。通常,读者对数字都比较感兴趣,数字不仅呈现了著作涉及的体量,而且具有高度的概括性和条理性,能为销售增加卖点,这种添加不失为很好的翻译手法。

第三节　书名翻译中的调节及其他

Vinay 和 Darbelnet 提出了直接翻译(direct translation)和间接翻译(oblique translation)这两种翻译策略。其中,作为实现间接翻译策略的一种翻译方法,调节(modulation)涉及范围较广,有强制性调节和选择性调节之分,包括抽象与具体、整体与部分、主动与被动、肯定与否定、因果等逻辑关系表达等相互转换。在字面翻译及/或词性转换翻译方法仍不足以产生语法正确、语言通顺地道的译文时,译者往往需要考虑采取调节这一翻译方法。(Munday,2016:88 - 91)数据显示,在设计学术著作的书名翻译中,调节翻译方法,特别是抽象与具体之间的相互转换,是一种非常常见的翻译方法,但其应用往往出于不同的考量。此外,由于这种转换翻译技巧具有强制性与选择性之分,在翻译过程中自然会出现比较理想的转换以及转换不当的现象。

一、标题中的具体化翻译

学术著作的标题往往含有著作所涉及的关键术语,设计学术著作自不例外。然而,在这种术语在不同学科皆有研究时,或者说是一个相对而言比较宽泛的概念时,译者可能需要选择具体化翻译方法,让标题的指称更能准确地反映著作所研究的内容,便于读者做出购买或阅读选择。

案例 1: 英国乔治娅·布蒂娜·沃森(Georgia Butina Watson)和伊恩·本特利(Ian Bentley)合著的 *Identity by Design* 由英国 Elsevier 出版社于 2007 年出版。2010 年,中国建筑工业出版社出版了魏羽力和杨志合译的译本,书名翻译为《设计与场所认同》。这部著作主要研究"场所营造"(place making)的理念和"认同"的概念，研究如何将“场所营造”的理念和“认同”的概念视为设计过程的有机组成部分。全书围绕布拉格、墨西哥、马来西亚、波士顿等一系列案例研究，研究不同的设计路径，试图界定这些相互关联的复杂概念。场所是满足人们某种需求并具有某种意义的空间，它既是一种过程，也是一种理念，因而出现了“场所营造”、“场所化”(enplacement)、“去场所化”(displacement)等相关概念。张昊臣(2020)对“场所营造”这一概念做了如下论述：

> 在现象学和人文地理学传统中，“场所/地方”(place)强调人与地之间相对固着和稳定的联系，凝结着人对风物、社群的亲熟、认同和依恋。在不少学者看来，现代媒介技术推动的远程化和流动性造成了“场所沦丧”(诺伯舒兹，Christian Norberg-Schulz)、“无场所性”(瑞尔夫，E. Relph)、“非场所”(奥格，Marc Augé)现象的蔓延，甚至导致了“后城邦”(维利里奥，Paul Virilio)、“后大都市”(索亚，Edward W. Soja)时代的到来。然而，随着位置媒介的快速崛起和广泛影响，场所营造(place making)的新经验和人地关联的新可能再度受到关注。(张昊臣，2020:101)

“认同”的概念是20世纪90年代后重要的跨学科研究课题。利科认为，认同包括固定认同和叙述认同，前者是自我在既定的传统与地理环境下被赋予的自我定位，是一种基本固定的身份和属性；而后者是随着时空的变化而变化的，与位置、场所等具有密不可分的关系，是可以营造和建构的。(廖炳惠，2006:129)显然，“认同”是一个比较宽泛的概念，译者将这种抽象的概念相对具体化翻译为“场所认同”，这一翻译更加清晰明了地反映了该著作的主要内容，不失为一种比较恰当的翻译。

案例2：2014年，浙江摄影出版社出版了王雪婷翻译的《视觉艺术色彩：在艺术与设计中理解与运用色彩》，所依据原著为美国艺术学教授戴维·霍尔农(David Hornung)2012年的著作 *Colour: A Workshop for Artists and Designers*。译著这样介绍了该书的写作目的和预期读者群：

> 本书的目的在于指导色彩实践活动。我强烈推荐读者循着本书,逐章揭开色彩"故事",按照顺序学习并完成作业。
>
> 这本书也可以作为参考手册来使用。插图——其中很多是学生作品,辅助文本解释色彩概念、甚至仅仅阅读和学习这些色彩概念,对于在工作中要使用色彩的艺术家和设计师来说还是很有实际意义的。(戴维·霍尔农,2014:11)

可以看出,艺术家和设计师是该著作的预期读者,这在原著的副标题中做了清晰的界定。原著的主标题仅有一个英文单词 color(色彩),因此原著标题的字面翻译为《色彩:艺术家和设计师的工作坊》。译者将主标题中的关键词"色彩"具体化翻译为"视觉艺术色彩",同时将副标题具体化翻译为"在艺术与设计中理解与运用色彩"。同时,具体与抽象相结合,"艺术家"和"设计师"被抽象为"艺术"和"设计",这样的标题大大拓展了预期读者群。

然而,如果译者误判原作的主要内容,对标题进行不恰当的具体化,则会产生负面效果,影响读者对著作的接受。

案例 3:湖南美术出版社 2019 年出版了成尚效翻译的《走进伦敦设计博物馆:解密设计经典》,所依据的原著为 Welbeck 出版社于 2015 年出版的英国加雷思·威廉姆斯(Gareth Williams)所著的 *Design: An Essential Introduction*。这是一部伦敦设计博物馆的官方出版物,作者威廉姆斯系英国皇家艺术学院讲师、维多利亚和阿尔伯特博物馆馆长、当代设计评论家和作家,著有多部设计著作。该著作主要探讨从产品设计概要到整个产品生命周期等设计及设计过程的不同侧面,以简洁明了的语言介绍当代设计师可以运用的不同材料和生产方法,将设计师的创意转化为更好的产品。这部著作还涉及与设计相关的其他问题,如人体工程学和计算机辅助设计/制造,并且涵盖了大量经典的设计案例。原著书名直译为汉语应为《设计精要》,成尚效的书名翻译采用"走进伦敦设计博物馆"作为主标题,"解密设计经典"为副标题,在一定程度上存在对原著主题内容的误判。

案例 4:World Scientific 于 2012 年出版的澳大利亚彼得·纽曼(Peter Newman)和安妮·马坦(Anne Matan)合著的 *Green*

Urbanism in Asia: The Emerging Green Tigers，由王量量和韩洁合译，中国建筑工业出版社2019年出版，汉译本书名为《亚洲绿色城市：正在崛起的绿色力量》，其中的Green Urbanism（绿色城市主义）这一抽象名词术语被具体化翻译为"绿色城市"，不够妥当。Island Press于1999年出版了蒂莫西·比特利（Timothy Beateley）的著作*Green Urbanism: Learning from European Cities*，由邹越和李吉涛合译，中国建筑出版社2011年出版，汉译本书名为《绿色城市主义：欧洲城市的经验》则是比较好的翻译。

案例5：*Coffee Culture: Hot Coffee + Cool Spaces* 编著者为美国罗伯特·施耐德（Robert Schneider），由张海会翻译，广西师范大学出版社于2016年出版，书名翻译为《咖啡馆设计与文化》。作者所说的"咖啡文化"（coffee culture）是一个比较宽泛的概念，不仅包括从咖啡种植、选择和烘焙，到装杯、冲泡，再到客人手中这整个流程，而且包括咖啡馆（作者精选了位于美国不同城市的32家咖啡馆的内部空间设计）、咖啡馆所坐落的建筑（古建筑、现代建筑、艺术博物馆、过街楼、庭院、旧装货码头、改造的货船集装箱等）及周边延伸的空间、建造咖啡馆的不同行业的人（艺术家、建筑师、专业滑雪运动员、音乐家、教师、摄影师等）。所以，原作者加了一个副标题"热咖啡 + 酷空间"（Hot Coffee + Cool Spaces）。当然，这一副标题中包含hot和cool这两个反义词，能够吸引读者的注意，其中的"酷空间"更多的关联到咖啡馆的设计问题，所以译者将它具体化翻译为"咖啡馆设计"，突出"设计"还是比较妥当的，但是不宜将原著书名中的"咖啡文化"抽象化为"文化"。基于以上考虑，我们建议把书名翻译为《咖啡文化与酷空间设计》。

二、标题中的抽象化翻译

抽象化翻译是具体化翻译的反向操作，其背后存在多种动因。一是译者认为原著标题主题比较狭窄，不足以吸引更大范围的读者，因而主动采取抽象译法；二是译者觉得按照字面具体地翻译原文存在一定的困难，因而不得已而被动采取抽象译法。

案例1：《设计中的智慧思维》（*A Smile in the Mind: Witty*

Thinking in Graphic Design）系英国贝丽尔·马克龙（Beryl McAlhone）等著，王玉译，中国摄影出版社 2018 年出版。这部著作的主题是平面设计中的奇思妙想，或者说机智思维，认为发自内心的创意才能驻留于心（It argues that ideas which happen in the mind, stay in the mind）。我们注意到，译者在书名和目录中对于 wit 一词的翻译都做了灵活的处理，如“智慧思维”（witty thinking）、“幽默创意”（the case for wit）、“幽默创意的类型”（types of wit）、“聪明点子的应用”（wit in practice）、“世界上的聪明点子”（wit in the world），即对应“智慧”“幽默创意”“聪明点子”等。以下是王玉所译第一章关于 wit 一词的解析部分，作者还将机智和幽默进行了比较，并且提出了机智与创意或者想法之间的关系问题（马克龙等，2018：12－13）：

> 我们看待机智的方式来自这个词的最初含义，即“智慧”和“理解”。这两层意思仍然存在于“机智”（wit）这个词的复数形式（wits）中，比如，“你长点心”（keep your wits about you）、“你疯了”（out of your wits）、“靠小聪明混日子”（live by your wits）、“无计可施”（at your wits' end）。最为机智的作品正是那些能够发人深省之作，而真正巧妙的作品可以通过重新定义来操纵人的想法。
>
> 当人遇到一个机智幽默的点子时，“熟悉的”和“把戏”这两个因素会为其带来两种主要情感，即识别和惊讶。幽默的这两个特点，在某种程度上来说，是它成功的根源。如果一件聪明的作品包含大量可识别的信息，但几乎没有令人惊讶的元素，它显然是浅显而无力的。反之，如果一件作品中充斥着意外，可识别信息很少的话，它对大多数人来说就是高深的、费解的，容易给人带来忧虑和失败感。而当一件作品中两者皆无时，该作品无疑是彻底的失败品。只有当巨大的熟悉感和意外结合在一起时，一件聪明的作品才算成功，甚至能轰动一时。
>
> 在编辑此书时，我们与多名设计师进行了探讨，在“机智”的定义上有两个方面总是被他们问及：机智幽默的平面设计

与"想法"导向的平面设计是一回事吗？"机智"和"幽默"是同义词吗？第一个问题有几个术语上的陷阱。人们在很多不同的场合都会用"想法"这个词，如"我的想法是把它做成方形手册"，这就不是一个机智的想法。但如果这本手册只有一平方英尺大小，并且主要内容是如何解决公司土地资源最大化问题或者空间使用问题，它就变得机智了。

笔者认为，译者很可能是为了扩大译著的受众群体，将"平面设计"抽象成为"设计"，同时又略去了比较难以处理的原著主标题。其实，基于原作者的以上阐述，原著的标题还是非常巧妙的，按照字面直译为《会心一笑：平面设计中的奇思妙想》不失为一种好的翻译。

案例2：*Shaping Space: Dynamics of Three-Dimensional Design* 由美国保罗·泽兰斯基(Paul Zelanski)和玛丽·帕特·费希尔(Mary Pat Fisher)合著，潘耀昌译，上海人民美术出版社经美国培生教育出版集团授权于2005年出版。译者并没有按照字面意义将书名翻译为《空间造型：三维设计动力学》，而是取了一个抽象的书名《三维创造动力学》，这种翻译使得著作更具学术性，受众面更广，不再局限于设计，而是拓展到"创造"。

案例3：*Good: An Introduction to Ethics in Graphic Design* 的作者为英国吕西安娜·罗伯茨(Lucienne Roberts)，由陈永群、刘砲和杨淳嘉—3位译者联合翻译，瑞士AVA出版公司授权辽宁科学技术出版社于2010年出版。主译陈永群获得芬兰赫尔辛基艺术设计大学硕士学位，系同济大学设计创意学院硕士生导师、副教授，专业方向为艺术与设计文化。

原著作者吕西安娜·罗伯茨是一位平面设计师，她重视平面设计的社会性，其工作室专门从事义务慈善和艺术领域的设计，呼吁设计肩负起更大的社会责任。

以下为该译著的内容简介：

原文：Consider this simple conundrum: is it possible to be a bad good designer or a good bad designer for that matter? If the answer is yes then which is preferable and what does this reveal about the relationship between ethics and design practice? *Good: An Introduction to Ethics in Graphic Design* seeks to answer these questions.

Graphic design is in ethical flux. *Good* comes at a time of growing disenchantment with style-led design solutions and the pursuit of self-expression alone and yet vacuous design judgements are still made without any real analysis of the criteria used. The terms "good" and "bad" are repeatedly applied without qualification whilst the relationship between personal and professional ethics is far too contentious to do any more than give cursory consideration. Despite recent manifestos and themed publications on design for good graphic designers have yet to examine what such terms really mean: in a time of relativism it has been far too divisive to do so.

Good takes philosophy as its starting point but is not a philosophy book. It seeks to marry abstract ideas with practical application, removing some of the mystique that surrounds philosophy and highlighting its relevance for us all. Designers are people. This book seeks to engage designers in a debate about their profession and in an analysis of their value and worth. The decisions we make define us, in our ethical choices we reveal who we are. (Roberts, 2006:1)

原译:这是一个简单的问题:你是否会成为一个坏的好设计师,或者一个好的坏设计师?你的回答更倾向哪个?对于平面设计师来说,这透露了什么样的伦理关系呢?

平面设计正处在与伦理相关的变化中。这里有引领视觉风格的表现方式,也有对过度追求自我表现所反映出来的失望。宣言式的和带有主题性的出版物如今已扩展了创造"好"的设计意识。但是,这个"术语"究竟意味着什么?相关的争辩还处在初级阶段。

本书旨在帮助设计师、教育工作者和学生去思考平面设计的职业价值和潜能,并建立起一个认知的基础。设计师其实就是大众,我们做出的决定就定义了我们是谁。与伦理相

关的判断选择将帮助我们重新塑造世界。（吕西安娜·罗伯茨，2010:2）

改译：试想一下这样一个简单却又难以回答的问题：有没有可能做一个坏的好设计师，或者做一个好的坏设计师？如果答案是肯定的，那么哪一种设计师更可取呢？这又反映了伦理与设计实践之间的何种关系呢？本书试图回答这些问题。

平面设计具有伦理性，而且正在发生重大变化。人们不再热衷于以风格为主导的设计解决方案，或者片面追求自我表现。然而，设计评判仍然显得内容贫乏，对评判标准也无实实在在的分析。《好设计》正是在这样的情势下出版的。尽管人们反反复复地使用"好"或者"坏"这样的字眼，但是从来没有对它们进行过界定；同时，个人伦理与社会伦理之间的关系问题仍是争议极大的问题，也无法给予粗略的评判。虽说近来出版了一些有关好的平面设计的宣言和主题出版物，但是设计师仍然需要研究这些术语的意义：相对论的时代分歧太大，根本无法开展如是的研究。

《好设计》以哲学为始点，但并非一部哲学著作。本书揭开哲学的神秘面纱，突出哲学与我们大家息息相关，试图将抽象概念与实际应用联系起来。设计师首先是人。本书试图让设计师加入有关他们职业的大讨论，参与分析他们的价值。我们所做出的决策定义了我们自身，我们的伦理选择反映了我们的身份。

从简介中我们可以看出，该著作的书名实为 *Good*，即《好设计》。原译存在不少误译、漏译，导致意义表达不够清晰，也未能领悟到作者的用心。所以，他们放弃了原有的书名，即《好设计：平面设计伦理导论》，而是重拟了《平面设计伦理与风格手法》这一书名。事实上，吕西安娜·罗伯茨的这部著作由五个章节组成，原译分别为：第一部分：创造"好"简史（Section 1: Making good）；第二部分：向"好"靠近（Section 2: Approaching good）；第三部分：辩论"好"（Section 3: Debating good）；第四部分：创造"好"（Section 4:

Being good)；第五部分：做“好”(Section 5：Doing good)。且不论译者翻译的优劣，至少我们可以看到 Good 是该著作的灵魂所在，我们可以想象到作者把它作为该著作的正标题的良苦用心。尽管乍看一个 Good 显得有些突兀，甚或不容易翻译，但是我们在翻译的过程中似乎不应采用抽象化的翻译手法，将它简单地略去不译。

图 4.3　*Good* 原著及译著封面

三、标题翻译中增词翻译

当然，以上两小节的讨论与本小节的讨论存在交集或配合使用的情况。例如，具体化翻译有时就是通过增词翻译方法实现的。在翻译中，恰如其分的增词翻译往往起到画龙点睛之功效，即便是一个字，亦能使翻译妙笔生辉。例如，《迷雾与冲突：探究信息设计的跨学科性与方法论立场》是郭瑽(2011)翻译的英国玛丽亚·达·甘德拉(Maria da Gandra)、玛德琳·莫雷(Madeleine Moret)和玛依柯·范·尼克(Maaia da Neck)的合著 *Fog & Conflict: Exploring Cross-Disciplinary and Methodological Positions in Information Design* 这一书名。译者在翻译该书名中的 fog 一词时巧妙地添加了一个“迷”字，这样“迷雾”与“冲突”工整对称，恰到好处。另外，美国布伦特·C. 布洛林(Brent C. Brolin)编著的 *The Designer's Eye: Problem-Solving in Architectural Design*，由李丽译，大连理工大学出版社于 2008 年出版。书名翻译采取了增词译法，从 eye 到“慧眼”，从 problem 到“视觉问题”，正副标题呼应，《独具慧眼:解决建筑设计中的视觉问题》这一翻译显得比较恰当。

研究发现,部分译者在著作名称翻译时特意添加反映译者自身研究方向的术语,以便起到自我宣传和吸引相关读者注意的效果。

案例1:John Wiley & Son 于2008年出版了美国柯克·汉密尔顿(Kirk Hamilton)和戴维·沃特金斯(David Watkins)合著的 *Evidence-Based Design for Multiple Building Types*,由刘晓燕和王一平合译,中国建筑工业出版社于2017年出版,中文书名取名《循证设计——各类建筑之"基于证据的设计"》。从该译著的章节名称翻译可以清楚地看到,"循证设计"和"基于证据的设计"的内涵是一样的,如第一部分"循证设计的基本架构"(THE CASE FOR EVIDENCE-BASED DESIGN)、第二部分"循证设计在各类建筑中的应用"(EVIDENCE-BASED DESIGN FOR BUILDING TYPES)和第三部分"基于证据的设计"(DESIGNING WITH EVIDENCE)。事实上,循证设计源于循证医学,而循证医学的观念则发源于20世纪80年代。张鸣明和刘鸣(1998:1)发表了一篇题为《循证医学的概念和起源》的文章,明确指出:

> 循证医学意为"遵循证据的医学"(Evidence-Based Medicine, EBM)。著名临床流行病学家 David Sackett 教授将 EBM 定义为"慎重准确和明智地应用所能获得的最好研究依据来确定患者的治疗措施",其核心思想是:医疗决策应尽量以客观研究结果为依据。医生开具处方,制订治疗方案或医疗指南,政府机构做出医疗卫生决策等,都应根据现有的最好的研究结果来进行。

此外,从晁军和谢辉(2008)发表在《城市建筑》上的《英国医院建筑的循证设计初探》一文,我们可以清楚地看到循证设计与循证医学之间的关联性。

> 循证设计(Evidence-Based Design)是在循证医学和环境心理学基础上诞生的一种设计思想,强调运用科学的研究方法和统计数据来证实建筑与环境对健康的实证效果和积极影

响。正当医学转向“循证医学”的时候，医院建筑设计也出现了循证设计的趋势。与循证医学一样，循证设计建立在实证数据的基础上，对病人的治疗结果以及医护人员调整率、医疗设备使用效率都会产生影响。基于循证设计的建筑设计不仅要考量建筑的空间，还要综合考量包括视觉环境、声环境、触觉环境、嗅觉环境等在内的可感知环境。这种循证设计方式正在推动一场广泛的创新活动。（晁军、谢辉，2008:31）

“循证设计”和“基于证据的设计”的差异在于后者更具有术语简洁规范的特征。2016年，两位译者在中国建筑出版社出版了学术著作《循证设计——从思维逻辑到实施方法》，“对‘循证设计——基于证据的设计’这一新型的价值观和方法论，从理论体系到操作体系进行了一次系统探讨”（刘晓燕、王一平，2016：内封）。由此，我们可以看出，译著的书名翻译之所以采用增词译法，是为了突出“循证设计”这一新的术语。王一平在2007年全国高等学校建筑院系建筑数字技术教学研讨会上率先使用了“循证设计”这一术语，译著书名以“循证设计”为主标题，以原著书名为译著的副标题，是为了突出译者自身的主要研究方向。

此外，增词翻译有时是为了更好地反映原著的内容。

案例2：原著 *The Presentation Philosophy of the Architects: Make the Most of Your Life* 由日本X-Knowledge社编、周元峰和付珊珊译，中国建筑工业出版社于2018年出版。如果按照字面直译的话，那么汉语书名为《建筑师的展示哲学：充分展示生活》。译著书名的主标题“建筑师的智慧与哲学”比原著外延更广，不仅仅是展示哲学，而似乎是一般意义上的哲学；对比该书的以下内容提要，我们发现，通过增词翻译，副标题较好地概述了原著的内容。

通过采访这15组20人的建筑师和艺术家，我们讲述了他们各自的哲学和美学、喜恶与信念、经验与展望。他们的想法和理论或许各自不同，但各有其正确的地方，各有其美丽的地方，各有其让人信服的地方。

“建筑师是一个为人们创造幸福的职业。”有位建筑师曾这样说。

也许他们的思维模式各有不同，但相同的是他们的职业——为人们创造幸福。

这，是一本讲述建筑师的智慧与哲学的书。（X-knowledge，2018：3）

此外，译者选择对著作名称进行重拟的译例亦不在少数。例如，英国史蒂芬·贝利（Stephen Bayley）和泰伦斯·康蓝（Terence Conran）的合著 *Design: Intelligence Made Visible* 由何佳芸等四位译者合作翻译，台北积木文化于2009年出版。这部著作乃当代两大设计界领袖联手巨献，是最具影响力的设计经典之一，14国语言版本同步发行。它包括493则设计词条，以英文字母A－Z顺序编排，纵览18世纪迄今的设计发展历程。由此看来，译者重拟的书名《设计全书A－Z》就显得非常恰当。当然也存在重拟不当的案例。例如，《成为新时代的设计师》由宋爽等翻译，电子工业出版社于2014出版，所依据的原著为 *Participate Designing with User-Generated Content*，作者为美国海伦·阿姆斯特朗（Helen Armstrong）和文丹娜·斯托米诺维（Zvezdana Stojmirovic）。从该著作的内容简介来看，这是一本探讨参与式设计的著作，强调用户生发的创意和参与。不仅仅是设计师和其他创造性专业人员能够生发创意，普通人也能够生发创意，也能够参与设计过程，像业余爱好者创建的YOUTUBE、FLICKR等就是成功的案例。作者进一步指出，这种自下而上的创意生发方式从根本上改变了设计过程和设计行业。在某种程度上说，人人都是设计师。不难看出，译者将书名重拟为《成为新时代的设计师》，将参与式设计泛化为新时代的设计，显得不够妥当，不如原著书名直译为《基于用户生发内容的参与式设计》。

第四节　书名中的否定及其翻译

否定句可分为逻辑否定和元语言否定。所谓元语言否定，就是否定的对象“不是事实本身，而是陈述的前提、会话含义、言谈焦点和视点、社会内涵以及语言表达手段等”。(梁锦祥,2000:63)有关元语言否定的形式和作用机理尚存在一定的争议,但元语言现象是普遍存在的语言现象。“英汉两种语言中的否定词都可以用来表示元语言否定,然而在表达的形式和使用的语言场合方面却不尽相同。”(许余龙,2002:258)这种语言形式、语言使用等方面存在的差异性预示着元语言否定是翻译过程中不容忽视的现象。

在看设计学术著作封面标题之前,我们不妨先看看这则生日贺卡。Horn(1985)曾以一份生日贺卡的祝福语为例,说明元语言否定现象,该贺卡外皮和内里的文字如下:

This Birthday Card is NOT from one of your admirers.(卡皮文字)

It's from TWO of your admirers.

Happy Birthday from both of us.(卡里文字)

对该贺卡的一般解释是,贺卡的送卡人故意误导收卡人,最后给他带来意外的惊喜。收卡人首先读到贺卡外皮上的文字,然后打开贺卡发现,自己错误地以真假判断的方式把它作为描述性否定阅读了外皮上的文字,从而引导他把它作为一种元语言否定现象进行二次分析。尽管有人认为这种过程解释非常牵强附会,但是这种否定所产生的效果是可以肯定的。

这让我们联想到一些著作的作者也可能效仿这张贺卡。封面上的书名是一个否定句,而且如果把这种否定作为一种描述性的否定,读者一般会认为有违常识。因此,这种书名很容易吸引读者的注意,而真正打开这本书进行阅读后发现,作者的本意并非一个描述性的否定,而是“玩弄”了元语言否定。

一、译著书名沿用原著否定形式

美国奥斯汀·豪(Austin Howe)的一部著作的书名为 *Designers Don't Read*,中文译本由一熙翻译,2010 年由重庆大学出版社出版,并于2015年再版，中文书名为《设计师不读书》（图4.4）。在中文版封面的右下角还印着："设计师不读书，那我干吗花一年时间写这本书"，与之对应的原文是：If Designers Don't Read, Why Did I Spend a Year Writing This Book?

图4.4　*Designers Don't Read* 原著及译著封面

仔细看来，无论是原著还是译著的封面设计都不无用心。无论是原著的封面加删除线印刷的英文字母，还是译著封面反向的英文字母，就已经给读者几份提示。此外，作者在开篇第一节就让读者意识到原来封面的书名应该是一种元语言否定。作者指出，设计师们并不是不喜欢读书，或者没有时间读书，而是他们习惯依靠视觉元素或者说影像激发灵感，而不是依靠文字。所以说，其实设计师们读的不是传统的书中的文字，而是图像。这种书名的命名方法很能激起设计师的阅读兴趣。

> 他们习惯了用视觉元素做向导，靠影像来激发灵感，而不是充分利用文字来探索设计的本质。只有为数很少的杰出设计师能做到这一点。这种重图像轻文字的倾向让出版商们大赚了一笔。其实，设计师并非不喜欢读书或者没时间读书，恰恰相反，在我看来，大多数设计师对他们从事的领域有无穷的好奇心，希望了解最新的行业动态和知识。我和他们分享的也并不是什么新设计理念，有不少话题他们已经研究或探寻过，只是没有我那么深入。（一熙，译，2010：4）

由此看来，该著作的书名可以翻译成《设计师读的不是书》。“如果设计师不读书，那我干吗花一年时间写这本书”也可以相应地换为“如果设计师读的不是书，那我为何还要花一年时间写这本书？”

奥斯汀·豪 *Designers Don't Read* 的姊妹篇 *Designers Don't Have Influences* 书名同样是一个否定句。它们是 Allworth 于 2011 年出版的 *Designers Don't* 系列丛书。这部著作的译者为百舜翻译服务公司，该著作的书名翻译为《设计师无影响》，由山东画报出版社于 2012 年出版。译著的内容简介表明，译者对原著书名的否定用法不无关注，“从书名上来看，《设计师无影响》很有挑衅意味，但设计师的影响真的是无所不在且深远持久”（https://book.douban.com/subject/10945467/）。在这一部文集中，作者详细描述了对其广告事业产生重大影响的人士，但是这些人士并不是广告界的前辈，而是其他学科领域的人物。奥斯汀·豪认为，他们更需要向其他学科学习，而且从其他学科领域的显赫人物——作家、艺术家、摄影师、曲棍球教练等——身上能够学到更多的东西。

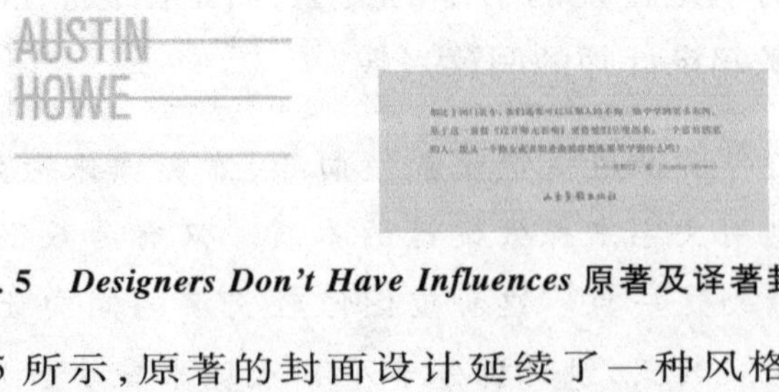

图 4.5 *Designers Don't Have Influences* 原著及译著封面

如图 4.5 所示，原著的封面设计延续了一种风格——加删除线印刷的英文字母。相比较而言，译著《设计师无影响》的封面设计图案要比译著《设计师不读书》简单一些，但是文字内容更多。《设计师无影响》在封面底部印有以下文字，同时在封面顶部印有作者列举的一些应该向他们学习的人士的姓名，也不失为一个较好的创意：

> 相比于闭门造车，我们通常可以从别人的不拘一格中学到更多东西。基于这一前提《设计师无影响》便将他们呈现出来：一个富有创意的人，能从一个修女或者职业曲棍球教练那里学到什么吗？
>
> ——奥斯汀·豪

我们不妨先看看另一部含有否定的书名的翻译，然后再来讨论《设计师无影响》这一书名的翻译。美国伯纳德·屈米（Bernard Tschumi）的著作 *Architecture Concepts: Red Is Not a Color* 由陈亚翻译，汉语书名为《建筑概念：红不只是一种颜色》，由电子工业出版社经美国纽约 Rizzoli 国际出版有限公司授权于2014 年出版。译著吸纳了原著的封面设计创意，也采用了红色的封面底色，与书名的标题保持一致。我们可以看到，译者并没有把书名简单地译为《建筑概念：红不是一种颜色》，因为这样翻译事实上也违背了人人皆知的常识，而是巧妙地添加了一个"只"字，成为一个很贴切的书名翻译（图 4.6）。所以，我们是否可以把 *Designers Don't Have Influences* 翻译为《影响不只是来自设计师》呢？

图 4.6　*Architecture Concepts* 原著及译著封面

二、译著书名规避原著的否定形式

既然书名中的否定可能是一种元语言否定，而且对翻译可能还会带来不小的挑战，那么在翻译中规避这种否定也就成为部分译者的选择。

《你可以这样玩创意》(*This Is Not a Book*)原作者是美国凯瑞·史密斯(Keri Smith),她是一位畅销书作家、插画家和思想家。除了这部著作以外,她的著作还包括《做了这本书》(*Wreck This Journal*)、《流浪的社会》(*The Wander Society*)、《如何探索世界》(*How to Be an Explorer of the World*)、《乱糟糟》(*Mess*)、《读完这本书》(*Finish This Book*)、《淘宝与创意改造》(*The Pocket Scavenger*)、《做了这本书:创造就是毁灭》(*Wreck This Journal Everywhere: To Create Is to Destroy*)、《……的虚幻世界》(*The Imaginary World of ...*)、《做了这个应用程序》(*Wreck This App*)、《这不仅仅是个软件》(*This Is Not an App*)等。从这些书名可见,史密斯的多部著作的书名都采用了"This is not ..."元语言否定命名方法。

《你可以这样玩创意》由上海人民美术出版社于 2011 年出版。如果我们把原著书名理解为一种元语言否定用法的话,那么其意为"这不仅仅是一本书"。读者不禁要问"那它还会是什么?"从封面设计来看,书名好像是写在临时裁下来的皱皱巴巴的纸条上,然

图 4.7 *This Is Not a Book* 原著及译著封面

后贴上去覆盖原先不恰当的书名(图 4.7)。这种元语言否定,加上这种特有的设计,仿佛告诉读者这个书名不是随意写写的,而是经过深思熟虑后改写加工而来的。这样的标题无疑会激发读者的阅读兴趣,把书买回家看看答案到底会是什么。

有趣的是,该书的简介还提供了以下几个答案,个个都看似平常,却又出乎读者的意料:

A secret message—tear out a page, write a note on it for a stranger, and leave it in a public place.

A recording device—have everyone you contact today write their names in the book.

An instrument—create as many sounds as you can using the book, like flipping the pages fast or slapping the cover.

（https://www. amazon. com/This-Not-Book-Keri-Smith/dp/0399535217）

一条秘密留言——撕下一页纸，给陌生人留个条儿，然后把它放到某个公共场所。

一种记录手段——请你今天接触到的每个人把他们的名字写到书里面。

一台发声装置——快速翻页，拍拍封皮，等等，努力发出各种不同的声音。

总之，这真的不是一本普普通通的书，而是一本激发读者创意的书。该书的译者徐捷将书名翻译为《你可以这样玩创意》，或者说译者重新拟了一个书名。该书名点明了书的主要内容，即如何生发创意？如何把玩创意？并且在封面上突出了一个“玩”字及“创意”二字。从某种程度上讲，这一书名也能激发读者的购买欲望，但是原作者刻意设计的元语言否定所激发的读者好奇心就没有了。

本节探讨了含有元语言否定的设计学术著作书名的翻译问题，它们都看似简单，甚或译者在不经意间忽视了它们的存在，或者选择规避这种否定方式，其结果是很难再现原著作者精心设计的书名可能带来的特殊效果。当然，相对而言，含有逻辑否定的书名往往更容易处理。例如，重庆大学出版社 2014 年出版的杨晓斌的译著《设计不是闹着玩》，其原著书名为 *There's Nothing Funny About Design*。这是美国大卫·巴林杰（David Barringer）很有趣的设计随笔，译著书名也是一个很好的翻译（图 4.8）。

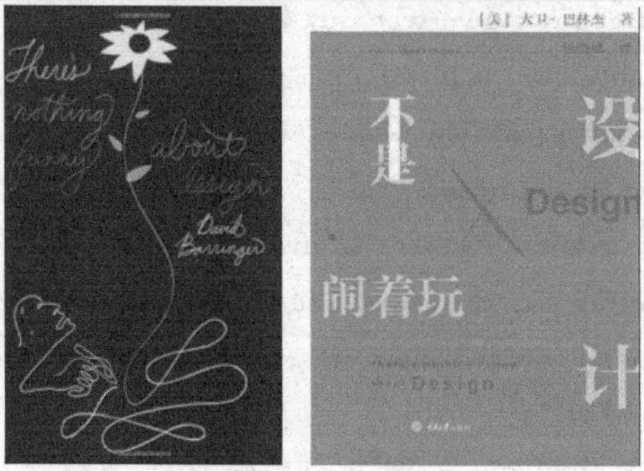

图 4.8 *There's Nothing Funny About Design* 原著及译著封面

第五章　设计学术翻译中的术语翻译

术语翻译问题着实不是一个简单的问题,诚如严复在其《天演论·译例言》中所云:新的学说接二连三地出现,新的名称也随之多了起来。这些新名称,从汉语里无法找到,即使勉强牵连凑合,毕竟嫌有出入。译者遇到这种情况,只有运用自己的判断力,按照新名称的含义去确定译名……有时为了确定一个译名,往往要花上十天或个把月的时间,反复推敲。

> 新理踵出,名目纷繁,索之中文,渺不可得,即有牵合,终嫌参差。译者遇此,独有自具衡量,即义定名……此以见定名之难,虽欲避生吞活剥之诮,有不可得者矣。他如物竞、天择、储能、效实诸名,皆由我始。一名之立,旬月踟蹰,我罪我知,是在明哲。(严复,2002:11—12)

设计学术翻译中的术语翻译问题更是如此,我们在前面曾经说过,设计和创新是一对孪生姐妹,设计和创新具有不解之缘,有着不可分割的关系。在设计学术研究中,新术语的涌现是不可避免的。如何准确地翻译这些术语因而成了翻译人不得不思考的问题。

第一节　涉猎不同学科领域的术语翻译

在诸多学科领域的术语翻译研究中,翻译学领域的术语翻译研究成果最为丰硕,这些研究的重点之一是探索术语翻译在建构中国自身翻译研究体系,提升中国在世界学术舞台的话语权方面的作用和影响。黄忠廉、杨荣广(2015:74)以“原语”与“源语”这两个术语为例，指出“译学术语的确立与厘定决定了译学本体建设”。刘润泽、魏向清和赵文菁（2015:18）“描述了奈达的‘对等’术语在中国当代译学语境中的谱系化发展特征，并借之探讨术语翻译的知识传播与理论生发功能，旨在对中国译学理论未来发展及其知识体系的建构提供有益的参考”。刘润泽和魏向清（2017:74）认为，“术语作为理论话语体系构建的基础单位，在知识生产和话语传播过程中有重要的工具性价值”，并且进一步指出，“在中国当代译学话语乃至中国当代人文社科学术话语的深度构建过程中，术语及其体系是实现理论知识具体化、话语结构双轨化以及话语表征双语化的关键”（刘润泽、魏向清，2017:74）。但是，翻译学术语翻译及其使用方面仍然存在种种问题。例如，尽管术语是在一定的社会、政治、文化等特定语境及特定研究者主体背景下产生的，但是往往存在“术语使用范围的随意泛化”（朱灵慧，2011:57）。陶李春、魏向清和刘润泽（2016）梳理了中国改革开放以来翻译学研究期刊论文中出现的西方翻译学术语的汉译现状及问题。任东升、王芳（2020）在强调翻译学核心术语的翻译直接关系到翻译学研究的发展和翻译学的学科建设的同时，以韦努蒂（Venuti）1995 年提出的 translator's invisibility 为例，揭示了翻译学术语翻译中存在的译名不统一、应用混乱等问题。

法学领域的术语翻译也颇受学界的关注，这些研究主要是围绕一些重点问题展开的，如法律专业术语的不可译性、国别特色法律术语的翻译等问题。部分法律术语的不可译性主要是由于古代法律专业术语的历史性。（胡波、董晓波，2020）此外，“英美与中国在文化传统、法律体系和政治制度等方面存在较大差异，因此在法律英语术语汉译中有较多不可译现象产生”（穆可娟，2015:111）。有鉴于此，对于国别特色的法律术语的翻译，“译者不但需要精通中英法律语言，还应了解中西法律文化和制度的差异，采用合理的翻译策略”。（蒋开召、刘略昌，2019:139）

此外，术语翻译研究还涉及经济学、政治学、宗教学等学科领域，研究焦点包括术语翻译的原则和策略，以及翻译选择背后的动机、中西哲学文化差异对术语翻译所带来的影响。黄立波和朱志瑜(2016)以亚当·斯密(Adam Smith)的 *The Wealth of Nations*(1776)和严复汉译本《原富》(1902)为语料,研究了严复的术语翻译策略及背后的动机,从而管窥晚清时期中国知识界对西方社会科学术语的认识与接受;卿学民(2018)探讨了政治文献翻译中的“忠实”原则;胡翠娥(2018)借助“文化回译”,对利玛窦用中文撰写的《天主实义》中的一些重要哲学术语和概念进行了中西哲学和文化的对比分析。

由此可见,术语翻译研究关系到相关学科知识的传播、学科体系和话语权的建设。同时,不同的学科体系、特色及社会、历史、文化传统等方面的差异对术语翻译带来了不可忽视的问题和挑战。此外,这些研究涉及翻译学、法学、经济学、政治学、宗教学等不同学科领域,但是仍然鲜见有关设计学学科领域的术语翻译研究成果。

第二节　术语翻译研究的相关理论

术语不同于普通的语言符号,它的语义不是通过能指关系确定的,而是通过所指关系确定的。在术语学中,术语的所指概念先于其能指名称,所以在翻译过程中译者必须首先判断一个“术语的语言形式(能指)是否符合术语的意义(所指)的要求”(冯志伟,2011:30)。以下简要讨论一下与术语翻译相关的普通术语学及其他术语学理论,如社会术语学、社会认知术语学和交际术语学。

一、普通术语学

传统的术语翻译理论源自奥地利工程师 E. Wüster,他所提出的通用术语理论(GTT)的目的在于术语的标准化。标准化问题涉及概念、术语和定义三个问题。术语是概念的外壳,是定义的结果,或者说定义是概念和术语之间的桥梁。首先,我们需要确定术语的概念内容,然后就像工业产品和工艺的标准化一样,对概念的指称实施标准化。指称的选择必须遵循经济性(短小精悍,易于记忆)、透明性(指称精确,而非模棱两可)和适切性(得到广泛应用,如ISO)的实用标准。术语的标准化为信息检索和科学技术交流带来了很大的便利,但并非一件容易的事情,它与翻译存在非常密切的关系。

> 翻译中的术语规范化,这是目前术语规范化活动的最重要环节,特别是今天,在我们民族自己的科学技术原创能力严重不足、大量的科学技术术语都是通过翻译途径引进的情况下,翻译中的术语规范化问题显得尤其重要。即使它不是术语规范化的全部,至少也是非常主要的部分。可以毫不夸张地说,术语翻译实际上是目前术语建设的前沿,同时也是实施术语规范化、标准化须要把守的第一关。(郑述谱,2012:102)

但是,这种标准化也受到现实的挑战。

> 所谓"标准",通常是指"对重复性事物和概念所做的统一规定"(储节旺等,2010:100)。术语的应用与传播具有"重复性"特征,对其进行"统一规定"非常必要。但需要说明的是,不同于一般技术标准的强规定性,这里的"标准化"对象具有特殊复杂性,其标准化难度较大,应是一个逐步规范、形成标准的过程。(魏向清、杨平,2019:95)

二、其他术语学理论

社会术语学采用描述性的方法,强调实际使用,而不是规定性的标准化描述性的方法,重视概念化和命名过程的历时演变过程。

社会认知术语学认为,所有知识都源自主体经验,因而不可避免地受到过滤(如语言)。术语所表征的不一定是明确的概念,而是模糊的动态变化的范畴,即在认知和语境中发生变化——翻译中应该承认不同翻译主体的术语使用差异。

Sager(1990)因而提出了术语学的交际维度,也就是说术语不能脱离它所存在的背景。更确切地讲,交际术语理论(CTT)认为,应该考虑术语的语言维度、认知维度和交际维度。交际术语理论认为，专业交流是在某个特定的语域发生的，在不同的语境下，专业程度和认知程度有高有低，语言使用也千差万别。

总之，对于超学科性的设计学术文献中的术语的翻译，特别是新术语的翻译，我们不能简单地依靠标准或工具书，而是必须充分考虑它们所处的语境，或者说我们需要准确界定它们所处的场景。

1. 文内语境

"翻译以创新为主题的设计研究论文也绝非易事。例如，从语言层面上来讲，创新带来了很多新的术语，译者在翻译过程中常常为此绞尽脑汁，废寝忘食。"（转引自布朗等，2017:323）如何准确理解新术语所指称的概念并且在诸多的可能选项中选择最恰当的指称是译者必须面对的问题。例如，在翻译"A Support for Protocol Analysis for Design Research"这篇学术论文时，如果标题中的 Protocol Analysis 不是新术语，那么在计算机领域它一般指"协议分析"。以下是该术语在文内的几个不同语境线索及意义提示：

In engineering, design researchers frequently use *protocol analysis* to understand the process of designing—a prerequisite for developing effective support for designers.（用以理解设计过程）

Protocol analysis typically requires that transcripts be generated from video protocols（see "Analysis of Currently Available Tools"）, which takes a researcher, on average, seven to eight hours per hour of video protocol.（一般与视频有关）

In the research reported in this paper, we first understand the process or *protocol analysis* in depth.（与"过程"近义）

通过以上语境线索追踪和综合分析，译者将该术语最终译为"过程（视频）分析"，表示利用现代电子设备对设计师的设计过程进行录像，并利用转录工具对该过程进行分析。这种翻译可谓指称明确，恰如其分。

2. 文内语境加文外语境

对于学术翻译而言，文本以外的与文本相关的研究和评述副文本也很重要。例如，Norman & Verganti（2014）提出了四种类型的设计研究，其中三类是设计基础研究（basic design research）、设计驱动的研究(design-driven research)和以人为中心的研究(human-centered research),这些对翻译不构成任何困难。但是,他们把第四类设计研究称之为 tinkering。该如何翻译呢?

In Figure 5 we use the two dimensions of product research to divide design research into the four quadrants of *basic design research*, *design-driven research*, *human-centered research*, and *tinkering*.

从文内语境来看,我们知道它是与前者并列的一种研究方式。Norman & Verganti(2014)还做了如下的补充:

When someone plays around with a product or a technology with no goal, neither for enhancement of meaning nor for practicality, we call it *tinkering*.

从文本外的语境,我们会发现相关的线索。例如,从词源上看,tinkering 和 thinking 构成了混合词 thinkering。Bettiol & Micelli(2014)对 thinkering 一词的描述就涉及 tinkering:

Thinkering "... is, of course, brought to life by the act of *tinkering* productively, experimenting, testing, retesting, and adjusting, and all the while enjoying it, with many like-minded spirits and engaging with the world in an open, constructive collaboration with colleagues and other specialists."

此外,John Seely Brown 在一次采访中曾对 thinkering 进行了定义,即"Thinking through action! Thinking through making and discovering through the manual experimentation with materials and objects"。"反复使用的 through 一词吸引了我们的眼球,也让我们联想到了杜威的 learning by doing 的表达方式和教育思想。汉语一般把 learning by doing 翻译成'做中学'。"(布朗等,2017:324)基于以上考虑,译者最后把 thinkering 翻译为"做中创"。这种翻译方式既有对既有术语的仿拟,易于记忆,又不失对术语本身内涵的准确呈现。倘若将 thinkering 简单地翻译为"思维",那是不确当的。

设计作为一门学科对这一问题的研究还是最近的事情。保拉·安特那利(Paola Antonelli)主要研究"做中创"(译者注:该术语英语原文为 thinkering,是由 thinking 和 tinkering 两

> 词构成的混合词)。约翰·史立·布朗率先提出了这一观点,并把它作为新的设计视角。做中创"得以实现,当然靠的是富有成效的玩创、试验、测试、再测试和调整,与志同道合的人乐此不疲,与同事及其他专家进行开放性的、建设性的合作"。这一新视角旨在重视一种新型的创新,这种创新是由开放源代码软件世界,或者更通俗地说,实践共同体提出的。设计不只是某个天才的成果,而是若干主体的作品,他们兴趣相同,共同实践。(布朗等,2017:7)

再回到 tinkering 一词的翻译。如果查一下词典,如吴光华主编的《英汉科技大辞典》,我们发现,tinker 作为及物动词时意思为"粗修,补修,调整",作为不及物动词时意思为"①做白铁工;②做拙劣的修补;③无事忙,瞎忙"。据译者介绍,他们在翻译的过程中还利用了百度搜索引擎检索了 tinkering,检索结果有与这些注义类似的翻译,如"小打小敲""敲敲打打""东敲西打""修修补补""铸补""摆弄""改造""随机创新""捣鼓"。从指称的选择上来看,其中的"弄""随机""捣鼓"在某种程度上表达了该词在翻译语境中所含有的 play with 的含义。但是,在语体上,以上检索结果却算不上理想的翻译。译者经反复斟酌,将该语境中的 tinkering 翻译成"玩创"和"玩创式的研究",意指在对技术或产品的漫无目的的把玩中产生了非凡的见解、发现或发明。

3. 超学科性意识

设计学的"无学科性"及"超学科性"使得设计学术文献涉及面极为广泛。例如,Crabbe(2013)的论文《人造物中形式与功能关系的再思考》("Reconsidering the Form and Function Relationship in Artificial Objects")涉及建筑学、生物学、电子通信、汽车工程学、世界史等学科。再比如,Loukissas & Mindell(2014)的学术论文《阿波罗的可视化:人机关系的图形化探索》("Visual Apollo: A Graphical Exploration of Computer-Human Relationships")中的 pitch 一词,对于英语语言文学背景的译者而言,很容易会想到语言学中的"音高",而且似乎是正确的。我们不妨仔细研读一下以下原文:

The changing *pitch of the vehicle* can be monitored just below the lunar surface landing site image. In sync with the human dialog, the DSKY displays modes and values that represent voices from the now-distant architects of the Apollo control systems.

上下文中的 voices 似乎把 pitch 指向语言文学中的“音高”,但是 pitch of the vehicle 把译者指向航空航天领域,它是指飞行器的“姿态角”,超学科性的学科属性意识在此起到了决定性的作用。

第三节　设计学术专著书名中的术语翻译

如上所述,书名中的术语翻译具有一定的特殊性。首先,它的存在语境并不充分,只有短短几个单词;其次,封面标题中的术语翻译还必须充分考虑与正文中的类似术语翻译的互文性、一致性等问题。因此,书名中的术语翻译往往会出现翻译欠妥或翻译错误。以下是设计学术专著书名中术语翻译的一些案例,从中我们可以看到翻译的成功案例和部分翻译错误及产生这种翻译错误的原因。

案例 1:术语词汇的形态意义也是一个不可忽视的细节,如 Storyboard 与 Storyboarding, modern 与 modernity,等等。

美国马克·西蒙(Mark Simon)的著作 *Storyboards: Motion in Art* 在大陆和台湾地区有两个不同译本。大陆任秀静和杜勇将书名翻译为《故事板:运动的艺术》,由北京人民邮电出版社于 2011 年出版。台湾地区陈建宏和刘秀英将书名翻译为《分镜脚本:动态艺术》,由台北六合出版社于 2013 年出版。Storyboard 既可以译为“分镜”,也可以译为“故事板”,是指电影、电视剧、动画、音乐录像带等影像媒体,在实际拍摄或绘制之前,以图表的方式说明影像的构成,并将连续的画面以一次运镜为单位进行分解,标注运镜方式、时间长度、对白、特效等。根据媒体不同划分成不同分镜,如影片分镜、漫画分镜等。此外,motion in art 与 art in motion 一样吗?肯定不一样。前者中心词是 motion,后者中心词是 art。例如,2018 年,费城艺术博物馆(Philadelphia Museum of Art)举行了扎哈·哈迪德(Zaha Hadid)的运动中的形态(form in motion)展。苹果公司曾经推出了一款动态图片编辑工具 motion。所以,翻译为“运动的艺术”还是“动态艺术”都欠妥,恰当的翻译应该是“艺术中的运动”。2006 年,中国青年出版社出版了美国温迪·特米勒罗(Wendy Tumminello)由所著的 *Storyboarding* 的汉译本《分镜头脚本设计》,译者为王璇和赵嫣。这部著作是当代欧美经典动画教材。相比之下,考虑到书名中 Storyboard 的-ing 形式,译者将其翻译成“分镜脚本设计”,这种译法非常恰当,与该书的内容提要也高度吻合,即通过清晰的概念叙述、翔实的实例分析、完善的知识总结,传授给读者为各种媒体(电影、电视、动画、交互式媒体)制作分镜头脚本的技巧。值得一提的是,该书的第二译者赵嫣还作为第一译者翻译了由意大利乔瑟·克里斯提亚诺(Giuseppe Cristiano)所著的 *Storyboarding Design Course*,2007 年由北京中国青年出版社出版了其中文版,中文书名为《分镜头脚本设计教程》。两部著作书名中的关键术语译法一致。

此外,《美好生活:现代住宅导览》(*The Good Life: A Guided Visit to the Houses of Modernity*)的作者为西班牙伊纳吉·阿巴罗斯(Inaki Abalos),该书译者为苏畅,上海同济大学出版社于 2019 年出版其中文版。该书的翻译出版得到“北京未来城市设计高精尖创新中心——城市设计理论方法体系研究”资助。尽管该书的豆瓣评分高达 9.2,但是书名翻译还是存在一点瑕疵的。译者将 modernity 译为“现代”,实则为“现代性”,两者还是存在较大差异的。正如作者所言,这里的住宅有一部分已经建造,有一些只是在规划设计中,或用于电影拍摄目的,作者试图把对现代生活方式的理解与建筑设计方法关联起来,让读者领略到这些建筑创意背后的核心哲学理念。“现代性”与“核心哲学理念”存在更多的关联。

案例 2: 规避书名中的术语翻译往往会削弱著作在学术性程度方面的第一印象。

美国玛格丽特·霍尔(Margaret Hall)的著作 *On Display: A Design Grammar for Museum Exhibitions*,由 Humanities Press 出版社于 1987 年出版,汉译本译者为环球启达翻译咨询有限公司,由北

京燕山出版社于2007年出版，书名翻译为《展览论：博物馆展览的21个问题》。正如上一章所指出的那样，增加数字“21个”可能会为译著增加一个卖点，但是从比较抽象的“博物馆展览的设计语法”（design grammar for museum exhibitions）到比较具体的“博物馆展览的21个问题”，原著的学术性大大削弱了。事实上，以产品设计为例，它是“通过符号化的设计，构成具有整体、随机和连贯特征的三维空间实体系统……从语言学的理论看，产品作为一种类语言符号，产品的要素，包括形体、细节、结构、色彩、表面肌理等，相当于语言中的意义单元——‘字’或‘词’”（张凌浩，2011：25）。因而，设计也遵循着自身的语法系统，即设计语法。原著作者在前言中指出，本书探讨博物馆展览设计的历史、理念和策略，但其核心还是展览设计的语法，供博物馆专业人员和所有从事文化展览设计的设计师使用。显然，设计语法是霍尔探讨的主要对象。在翻译过程中规避这一主要术语是值得商榷的。

案例3：如果新术语中的关键词是一个多义词，那么翻译中的选义必须充分考虑它所存在的文内和文外语境，特别是专业属性。这里既有成功的译例，也有不够理想的译例。先看成功的译例。

美国安德烈斯·杜安伊（Anders Duany）等三人合著了*The Smart Growth Manual*，由王佳文译，中国建筑工业出版社于2014年经美国麦格劳-希尔图书出版公司授权出版，中文书名为《精明增长指南》。把smart growth翻译为“精明增长”，乍看起来有点奇怪，因为大家习惯了“智慧”“智能”等说法。孙群郎（2015）在《史学理论研究》杂志上发表的《当代美国的精明增长运动及其评价》一文就采用了这样的翻译。文章指出，早在1991年，美国规划协会就倡导进行新的增长法规和规划方面的研究，并得到美国住宅与城市发展部、环保署交通部、农业部等政府机构和一些民间团体组织的响应。1994年，该协会出台了一份题为“精明增长计划”（Smart Growth Project）的计划，提出了精明增长的“十项原则”。到20世纪90年代中后期，美国转向了所谓的“精明增长”时期，实现了从反增长（anti-growth）到顺应增长（growth-accommodating）的转变，“全州范围的政策除了土地利用管制、城市增长边界、综合发展规划等内容以外,还特别强调中心城市和旧社区的振兴问题,主张通过修改分区制(zoning)法规以促进紧凑的开发,协调州政府各部门的精明增长政策,改善资本投资以符合可持续发展等”(孙群郎,2015:88)。但是,我们同时发现,smart growth 也存在不同的汉译。例如,彭宜佳(2012)在《社会主义研究》杂志上发表的《多方规划与智慧发展:美国农地保护政策的考察与启示》一文中,与该术语对应的汉译是“智慧发展”。此外,亦有“智慧增长”的译例。但是,总体来看,“精明增长”的使用频率高于“智慧发展”或“智慧增长”。

以下是两则翻译不够理想的译例,或者说存在一定争议的译例。

美国罗赞·萨玛森(Rosanne Somerson)和马拉·埃尔马诺(Mara Hermano)合著了 *The Art of Critical Making: Rhode Island School of Design on Creative Practice*,2015 年 John Wiley & Sons 公司授权机械工业出版社翻译出版,中文书名为《关键创造的艺术:罗得岛设计学院的创造性实践》。在豆瓣的评价中不乏对翻译的抱怨:“这本书的题目为什么这么翻译? THE ART OF CRITICAL MAKING 翻译成关键创造的艺术????? 这是书名啊! 不看英文原名有人能理解这个题目是什么意思吗?”(https://book.douban.com/subject/26383748/)原文书名有 critical making 和 creative practice 这两个词组,后者是我们常说的创意实践/创造性实践/创新实践/创作实践,其核心是“创”,而它的关键是批判性。批判式设计“就像它的名字所隐含的那样,最基本的意图是激发我们的思考:增强意识、揭开假设、刺激行动、激发讨论”(厄尔霍夫、马歇尔,2016:79)。所以,critical making 应该翻译为“批判性制作”比较妥当,以下翻译就是另一个佐证。

原文: Fabrication—critical fabrication—can then hold debates that include the manifold logics that make possible the production of any object whatsoever, including the conceptual, the rhetorical and the discursive.

译文: 于是,制造——批判性的制造——这一概念包含多元逻

辑，从而使任一对象的生产成为可能，包括概念的、叙事的、思辨的。（赵纪军，2010：8）

第二个翻译不够理想的译例是美国克里斯托弗·西蒙斯（Christopher Simmons）的一部专著，书名仅有两个英文单词 *Just Design*，当然，如果加上副标题的话就是 *Just Design: Socially Conscious Design for Critical Causes*，译者署名为百舜翻译服务公司，由济南山东画报出版社于2013年出版。中文书名翻译为《就是设计》。

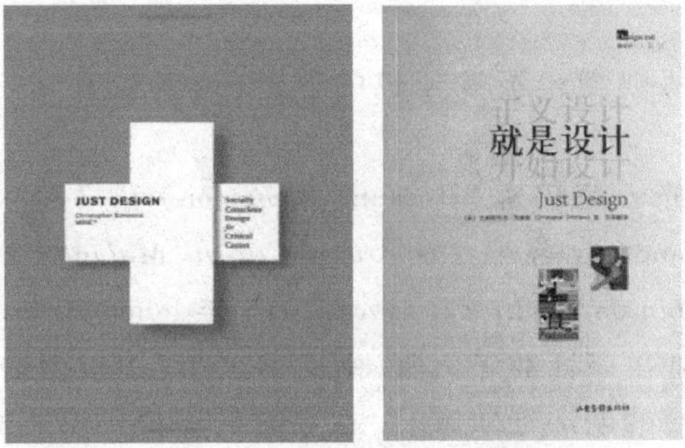

图 5.1　*Just Design* 原著及译著封面

该书探讨了世界各地著名设计师的140多个出色的设计方案，读者通过阅读每个项目背后的故事深入了解每一个项目的设计。事实上，Socially Conscious Design 是指“具有社会责任感的设计”，这种设计“考虑到它们创造时所处的环境，并且注意到大多数设计过程都忽略的得不到充分服务的团体……他们常用创新的和意义深远的设计，试图纠正或改善社会不公”（厄尔霍夫、马歇尔，2016：340）。从这个意义上来看，它也是一种批判式设计，即原文标题中 critical 的含义，它的“一个主要作用是质疑设计产品提供的有限的体验，扩大设计可能，不仅能对复杂问题做出反应，也可以体现人的情绪和心理的复杂性”（厄尔霍夫、马歇尔，2016：80）。由此，just design 的翻译恐怕就不是“就是设计”，而应该是“正义设计”了。当然，译著也充分认识到 just 一词的多义性，在译著的封面上除了黑色粗体的“就是设计”之外，还有绿色的“正义设计”和“开始设计”（图 5.1），对应作者在前言中对 just 一词的三种解释。但是，作者把“正义设计”放在首位，而且后面还加有解释性副标题“具有社会责任感的设计”。以下是我们对原著第4页和第5页的前言（Introduction）部分的翻译：

正义设计（Just design）。

设计师常常自称为“解决问题的人”。我们将创造力运用于为普通问题寻找适度创新的解决方案。这些问题可能包括如何最好地推出企业品牌、如何与特定的受众形成融洽的关系、如何跨越文化疆域进行沟通等。有时候，问题或许就是如何把小产品都卖出去。这些都是有价值的追求，每个都涉及某种问题的解决方法——查尔斯·伊姆斯称之为“关注需求的设计”。但是现如今——当然任何时代都是如此——有许多比品牌和消费者（以及小产品）更为重大的问题，有与平等、水资源、教育、社会、和平、正义和希望一样极其重要的需求。身为设计师，我们的设计遵循着自身的兴趣和价值观（及/或顾客的兴趣和价值观）。每当这些动因与更多的同行，特别是整个社会，产生交集时，我们都会意识到我们的设计不仅可以有益于社会而且能够做有益于社会的事情。如果设计的益处超越了这双重底线，它就达到了值得称颂的标准。只要它有些公正性，人们就可以称其合乎“正义”（just）。

设计有因（Just design）。

这并不是说所谓的“有益于社会的设计”就一定是更好的设计，汽车时刻表、产品标签、高速公路路标和选票，都是我们这个设计创造的社会的重要元素。在这些设计体验中不可能存在公正正义，它们是中立的，这一点很重要。尽管如此，它们仍然需要巧妙地设计……在2010年一次访谈中……设计师薛博兰（Paula Scher）哀叹如今年轻的设计师大多放弃了他们改善我们整体视觉环境的角色，她认为许多人“只想做文化设计，或者做非营利性设计，或者做在他们看来‘有益于社会’的设计”。她继而表示，这些人在设计院校和研究生专业接受的设计教学方式，以及他们注意到设计界的很多项目本意良好但是只有内行才懂，这些都助长了他们故意或习惯性地避开主流企业设计。尽管我并不认同她所说的最后一点，但是我和她都担心，像本书之类的著作似乎把"有益于社会的"设计抬举到非救世主式设计之上。如果认为本书所讨论的设计都比坊间设计更加高尚、更有价值，那是误读了作者的初衷。本书旨在赞美把设计视为事业而道德最高尚的一面，而不是把大多数设计师日常开展的非常必要的设计边缘化。无论是为了更好地服务社会，还是为了获取更高额的利润，这些设计都是事出有因的设计(just design)。

只管设计(Just design)。

对该标题的另一种理解方法就是把它理解为一个祈使句。我从本书的研究和撰写过程中汲取到的灵感就是只管去做的重要性。不管起因及目标为何，也不管项目是由客户还是由设计师发起的，项目的成败都取决于对设计的一种渴望。在充满复杂性、未定性和加速度的时代，我们越发需要通过迅速敏捷、富有创见的行动投身其中。用黛比·米尔曼(Debbie Millman)的话来说就是："我们可以谈论发挥作用，我们可以发挥作用，或者我们可以两者都做。"换言之，"只管设计"(just design)。

由此可见，作者在前言中已经比较清晰地界定了 just design 的三种可能含义，而且希望读者不要对"正义设计"产生误读。此外，作者所说的"只管设计"套用了耐克的广告"只管去做"(Just do it)。事实上，"正义设计"(just design)这一术语已经受到不少学者的关注，如 Bianchin(2018)、Jewkes(2018)、Lynn(2017)、Cugueró-Escofet(2013)等。Bianchin(2018)提及罗尔斯(Rawls)的"正义即公平理论"(the theory of justice as fairness)，对于正义设计，其对公平性的诉求已经从设计产出的公平性转向设计过程的公平性；Cugueró-Escofet(2013)认为，justice 和 fairness 其实是 justice 的正式用法和非正式用法。他区分了两种设计：一种是设计非正义，但其应用合乎正义(design is unjust but its use is just)；二是设计正义，但其应用有违正义(the design is just and the use is unjust)，所以存在正义设计和非正义设计。

第四节　设计学术论文中的术语翻译

设计学术翻译主要涉及设计学术专著的翻译和设计学术论文的翻译。在上述社会术语学讨论中,我们已经分析了几个设计学术论文翻译中的译例,在此再以一些译例做拓展性的分析,旨在从这些翻译案例中抽象出一些可以普遍遵循的翻译规则。在以下讨论中,除非另有标注者外,译例原文均选自发表在美国麻省理工学院主编的《设计问题》(*Design Issues*)杂志,相关参考译文为笔者的翻译。

案例1:仿造性术语的仿拟性翻译。冯志伟(2011:234—235)在讨论生物的属名时指出,神话名、地理名、人名等都可能成为命名的构成方式,同时还包括"随意组合字母而形成的属名"。我们发现,不乏仿造已有术语的构成形式而形成的新术语。例如,阿斯特德·斯克杰文(Astrid Skjerven)的一篇学术论文的标题是"Design Without Borders: Ideologies, Realities, and Results",文中指出,

> An important role model for DWB was the organization, Doctors Without Borders, the Norwegian branch of which was founded in 1996. In contrast to Doctors Without Borders, which has chosen to work independently and therefore to accept only non-official donations, DWB soon became almost completely funded by the Norwegian government. (Skjerven,207:217)

从这段文字中我们可以清晰地看出,Design Without Borders (DWB)作为挪威的一个项目型组织,是效仿 Doctors Without Borders 而成立的。而 Doctors Without Borders 组织在国内已有大家比较认可的翻译,即"无国界医生",是一个独立的国际医疗人道救援组织,致力为受武装冲突、流行病、疫病和天灾影响及遭排拒于医疗体系以外的人群提供紧急医疗援助。无国界医生只会基于人们的需要提供援助,不受种族、宗教、性别或政治因素左右。

所以,仿造 Doctors Without Borders 的翻译,Design Without Borders 翻译为“无国界设计”而不是“设计无国界”。上段引文的相应翻译就是:无国界设计组织的一个重要榜样就是无国界医生组织(该组织的挪威分部成立于 1996 年)。无国界医生组织选择独立开展工作,因此只接受非官方捐赠。相比之下,无国界设计组织很快就几乎完全由挪威政府资助了。

当然,仿拟术语是一个比较普遍的现象。对于作者来说没有明确解释其词源的术语,译者在翻译过程中必须有高度的敏锐度。如果作者已经明确解释了其词源,译者在翻译的过程中自然必须恰当地仿拟翻译。例如,Campbell(2017)的论文“Lay Designers: Grassroots Innovation for Appropriate Change”中的 lay designers 也是一个仿拟性术语。他在文中对这一术语做了如下说明:

> 门外设计师(lay designers)是我从门外汉(layperson)一词仿拟出来的。layperson 一词的最常见用法是指“非某一职业的一员”,其词源最早起源于希腊语 laikos,意为“人民”或“普通人”。作者之所以没有选择其他的描述性词汇,如“公民”“非专业”“非专家”“非正式”“草根”,是因为这些词汇本身已经带有特殊的学科含义,而且其中许多词汇都隐含专业设计师的优越性。因此,门外设计师是普通人,从专业化知识的角度来看,他们的设计没有任何自卑感。

如上所述,既然作者对其词源已经交代得非常清楚,我们就不妨采取仿拟翻译法,将 lay designers 翻译为“门外设计师”,而不宜翻译为“非专业设计师”(unprofessional designers)、“业余设计师”(amateur designers)、“草根设计师”(grassroot designers)。

案例 2: 引用文学、宗教、哲学等文献术语所产生的互文性及翻译问题。设计学术论文不乏一些讨论设计的某些深层次问题的学术论文,涉及文学、宗教、哲学等领域的术语和思想。在把英语论文翻译成汉语的时候,译者必须能够识别这些术语在相关学科领域中约定俗成或正式的表达方式,进行恰当的翻译,保证翻译的正确性,同时特别注意原文中作者的相关引用所形成的互文性关系。此外，译者还必须注意回译问题。例如，《平面设计原理》（*The Elements of Graphic Design: Space, Unity, Page Architecture, and Type*）是一部平面设计畅销书。2005 年，上海人民美术出版社出版了由黄文丽和文学武合作翻译的版本。尽管该译著获得了较好的豆瓣评分，但是在翻译方面仍存在一些不足，特别是专有名词翻译及回译问题，如 Rolling Stone（滚石）被译为"滚动的石头"，以及该书的第 9 页和第 21 页的引文翻译问题：

> "水壶的用处是在于它是空的，水可以倒进去，不在于水壶的形象，或它是什么材料制成的。"——老子（公元前 604—531）《道德经》（黄文丽、文学武，2005：9）
>
> "房子的实体是存在于被屋顶和墙壁围起来的空间，而不是屋顶和墙壁本身。"——老子（公元前 604—531）《道德经》（黄文丽、文学武，2005：21）

以上翻译是对英文的字面直译，但是读者不禁要问，老子会这样说话吗？其实，正确的译法当属回译为《道德经》第十一章中的"埏埴以为器，当其无，有器之用"和"凿户牖以为室，当其无，有室之用"。相比之下，2015 年重庆大学出版社出版的由王敏翻译的《平面设计原理（最新修订版）》采用了如上所述的回译法。而且，谨慎起见，王敏（2015：9）还在上述第一个引文的译文下面加了如下译者注：

> 原书中该句出处作 *Book of Tea*，可能有误，因为该句与后文中引用的都是老子《道德经》中的表述："埏埴以为器，当其无，有器之用。凿户牖以为室，当其无，有室之用。故有之以为利，无之以为用。"在原文中此句直译为：水罐的用处在于它是空的，水可以倒入其中，而不在于壶的形象或加工所用的材料。

以下以设计学术论文翻译为例。在斯图尔特·沃克（Stuart Walker）的学术论文"Design and Spirituality: Material Culture for a Wisdom Economy"（《设计与精神性：与智慧经济相适应的物质文化》)中,作者提出精神性源于宗教,因而必须从宗教视角去理解精神性。作者在文章的开篇巧妙地引用了查尔斯·狄更斯的小说《艰难时世》第一章的部分内容。这部小说的创作正值英国工业革命的巅峰时期,对功利主义、经验主义和形而上学唯物主义发出了诅咒式的批判。狄更斯援引《新约》里的一句——“唯一必需的东西”(路加 10:42)——作为小说第一章的标题,强调精神生活的重要性,它是我们一直认为的人性中“最美好的部分”。狄更斯敏锐地洞察到工业资本主义将对设计产生重大影响,而且这种影响在未来将越发显著。1851 年“大展览”之后,英格兰的设计教育发生了改变,那种教育是一种压制人性和想象力的教育,狄更斯在小说中有这样一段描述:

> ... the school of design was all fact ... and what you couldn't state in figures, or show to be purchasable in the cheapest market and saleable in the dearest, was not, and never should be ...(转引自 Walker,2013:89)
>
> ……那个设计学校里的完全是事实……唯有无法用数字来表示的,或者不能在最廉价市场买进、又在最贵的市场卖出的东西,才不是,也永远不应该是事实……

在近现代时期,西方社会致力于理解并驾驭自然,强调科学探索、经验主义和科技发展,往往把知识的理解局限于基于感官的数据,即定量的方法。最初对宗教秉持包容的态度,到后来则变得漠不关心。1500 年前后,随着科学和哲学的发展,现代性在欧洲北部地区初露端倪。现代世界观割断了精神性与个人生活的联系,起着将社会世俗化的作用,制度性宗教和普遍意义上的精神性地位日益衰退。所剩的精神性被简化为生活的基本规范。现代性导致了生态的破坏和物质至上的观念。现代性对设计实践的影响首先表现为:不断改善物质商品,适应技术复杂、高效的大批量生产。到 20 世纪后半叶,现代世界观的权威性开始衰落,才迎来了后现代的发展。后现代性突出了社会公平和正义问题。21 世纪初,人们大声疾呼需要对精神性进行实质性的研究。设计开始将注意力从20世纪的产品或者工业设计转向与社会问题相关的设计。因此，我们看到，特别是在欧洲，20世纪末和21世纪初，服务设计、社会营销和社会创新这些领域不断兴盛起来，人们更加重视将参与式设计、协同创造、创造性社区和"设计思维"运用到社会和管理问题当中。沃克还巧妙运用以下引文，让读者联想到精神性丧失的过程和社会历史背景。对于设计师而言，引文还让他们想起20世纪早期蒙德里安（Mondrian）的画作、里特维尔德（Rietveld）的红蓝椅和包豪斯的设计。

> "You are not to have, in any object of use or ornament, what would be a contradiction in fact ... You must use," said the gentleman, "for all these purposes, combinations and modifications (in primary colours) of mathematical figures which are susceptible to proof and demonstration. This is the new discovery. This is fact. This is taste."（转引自 Walker, 2013: 89）
>
> "在任何有用的物件或是装饰上，你们都不能有与事实相抵触的东西……为了所有这些目的，"那位绅士说，"你们必须用一些拼合而成的、略加改变的几何图案，它们是易于证明的、演示几何图案（用三原色）。这是个新发现。这就是事实。这就是品味。"

然而，从翻译的角度来看，这种不完整的引文需要译者对照小说原文语境，同时结合引文在正文中的语境和作用，进行恰如其分的翻译。

伊丽莎白·爱德华兹（Elizabeth Edwards）等的学术论文《墙厨花园数字-自然混合制品的安置与管理》（"Planting and Tending Digital-Nature Hybrids in a Walled Kitchen Garden"）讨论了支持游客与公共花园互动的三个介入式人工制品的协作设计项目，借助"生长中的花园"这一隐喻，反思了他们对设计的材料、价值观、场所营造和未完成性的理解。其中，presencing 这一术语在文中出现了三次。

> We decided that our first design should make present the

overlooked rhubarb collection. This kind of "presencing" reoccurs in nature writing and often indicates a deep quality of engagement.

In the installation, "mortals" and "divinities" were brought to the fore through recollections shared by gardeners and volunteers. These recollections were captured and stored on MP3 players enclosed in wooden apples hanging on the trees. When an apple is plucked, stories play through a speaker in the base of the apple. The individual, personal stories have a presencing quality that unlocks unseen aspects of the garden.

The ideas of "dwelling" and presencing inspired the design of the Audio Apples. (Edwards, 2017: 70 – 71)

presencing一般应译为"自然流现"。如作者所云,这种"自然流现"一般出现在自然写作中,往往显示出很高的互动质量。presencing是"在场"(presence)和"感知"(sensing)这两个词的融合,表示"要按照一个人最高的未来潜能去感知、同频并展开行动,而这一未来的形成取决于我们如何展现它。我们不仅要反思过去,同时要感知并实现正在生成的未来"(https://tieba.baidu.com/p/6494505439)。因而,当苹果被摘下来的时候,故事就会通过苹果底部的扬声器播放。这些个性化的故事有一种自然流现的特质,可以打开花园看不见的一面。这里面还有一个术语dwelling,海德格尔存在主义哲学提出了"诗意栖居"的概念。广义的"居住"不仅局限于residential层面的住宅建筑,而是将这一概念延伸至更广阔的空间领域和更广泛的建筑类型领域的"栖居"(dwelling),它覆盖了四种不同空间领域,即自然属性状态的栖居、城市的栖居、公共空间的栖居及私人领域的栖居。另外,在这篇文章中还出现了thing thinging这一术语。

Dwelling is almost integral to the practice of the NT gardeners and volunteers who nurture and cultivate the garden. The garden is revealed and made present as they work. The garden could even be understood as an example of a "thing thinging" through the social practice of gardening. (Edwards, 2017: 70)

"栖居"和自然流现的思想启发了语音苹果的设计。栖居是全国托管协会培育花园的园丁和志愿者工作不可或缺的一部分。在他们工作的同时,花园也被呈现了出来。我们甚至可以把这个花园理解为通过园艺这一社会实践实现物的成物过程的案例。

乍看起来,它不像是什么术语。事实上,海德格尔将"物的成物过程"(thing thinging)描述为特定"聚合"(gathering)的结果,该聚合既反映该物,又反映该物周围暂时存在的特定世界。海德格尔描述了天地神人"四重整体"的概念,神人是海德格尔所理解的自然流现的核心。当物处于构成四重整体的元素的交点时,它就会作为物的成物过程出现在我们面前,我们就会意识到它的本质。可见 thinging 是一个非常重要的哲学术语。

在亚历克斯·泰勒(Alex Taylor)的《线、老鼠和绵羊能告诉我们什么》("What Lines, Rats, and Sheep Can Tell Us?")这一学术论文中,作者多次使用了 becoming 这一术语。

As Ingold asks so astutely: "Is not the workman, too, a being among others, including non-human others, whose mastery only follows what they have granted him ...? Are we not always with things before we do anything to them?" Despret's concern for these non-human others offers a stronger sense of what forms the underpinnings of this being "granted" and being "with"; the possibility is given, through new articulations and co-figurings, for things to transgress what is assumed to be their essence, to actively undergo metamorphosis by attunement or "becoming-with". (Taylor, 2017: 35)

正如英戈尔德如此敏锐地发问一样:"难道劳动者不也是他者中的一种存在吗?他者包括非人类,他的控制权只遵循他们准予他了什么……在我们对事物采取任何行动之前,难道我们不总是与事物共生吗?”德普雷对这些非人类他者的关注使人们更加深刻地认识到是什么构成了这种“被准予”和“共生”的基础。新的表达和共同构想使得事物有可能超越对其本质的假定,有可能通过调和或“与之共生”主动地实现蜕变。

For me, Ingold's talk of flourishing lines and emergent relations speaks to his longstanding ideas on "the processional". With his lines and their processional becomings, he is giving us the space to think, a "tool for thinking", as philosopher Isabelle Stengers uses the phrase.

对于笔者而言,英戈尔德关于舞动的线和突发关系的讨论证明了他长期以来对“过程性”的看法。就像哲学家伊莎贝尔·施滕格斯对该术语的用法一样,他用线及其过程性生成给我们提供了思维的空间,提供了“思维的工具”。

在上述两段引文中有 becoming 一词和其搭配 becoming-with。出于以下考虑,我们把 becoming-with 译为“与之共生”:一是表示本文中同样出现的 coexisting 一词的不同表达方式;二是把 becoming 翻译成“共生”而不是“共存”,也考虑到文中出现的 being and becoming。在哲学中,being 和 becoming 一般分别表示“存在”和“生成”的意思。杨国荣(2019:42)指出:

从形而上的视域考察世界和人自身,难以回避关于存在和生成及其相互关系的问题。海德格尔曾认为,“‘存在’(being)这个概念是不可定义的”。不过,如果不限定于形式层面的定义,而是侧重于其实质的内涵,则仍可对其获得较为具体的理解。从后一视域看,“存在”(being)一方面在广义上区别于“虚无”(nothingness)而指实有或实际之“在”(existence),另一方面又与“生成”(becoming)相异而表现为人和事物相对确定的形态。相形之下,“生成”(becoming)则以事物相对确定的存在形态为指向而展开为动态的过程。宽泛而言,上述视域中的“存在”既可表示整体意义上的实有,也可指具体的事物，与“生成”相关的“存在”更多地涉及后者。无论是实在之域中的事物，抑或人自身，都无法仅仅被视为“存在”，也难以单纯地被规定为“生成”，作为人与实在之域的真实形态，“存在”与“生成”相合而非相分。在现实世界中，“存在”与“生成”的这种互动和交融离不开人自身所做之“事”：正是在“事”的多样展开中，现实世界之“在”与现实世界的“生成”、人的“存在”与人的“生成”形成了具体的关联。

总之，之所以不同学科领域的术语翻译问题受到学界的高度重视，不仅是因为术语的翻译关系到相关文献的具体翻译，而且是因为它关系到学科知识的传播和学科的发展。术语在内容上必须反映概念，在形式上必须是能够普遍接受的。以上简要分析表明，术语翻译仍然存在不少克服和研究的问题。设计学是一个具有超学科性的学科，以问题为导向的研究往往会涉及各种各样的学科，给场景设定及术语的翻译带来诸多挑战和困难，对译者的语境意识及显性知识和隐性知识的储备都提出了很高的要求。此外，对于设计学术著作书名中的术语翻译而言，由于存在语境不充分和与正文的互文性等需要，对翻译提出了更高的要求。

第六章　设计学术著作翻译中的复译现象

复译的基本特征就是已经存在一种译本及其对应的译者。但是，正如许钧（1994:2）所指出的那样，人们对复译的“反应不一，有喜有忧，有贬有褒”。有趣的是，学术界对于文学翻译复译和非文学翻译复译还持有截然不同的态度。一般认为，文学领域的复译能够拓宽我们对源文本的不同诠释；但是对于非文学文本的复译，特别是科技文本的复译，一般则认为是没有必要的重复，必须避免甚至禁止这种复译行为。（Koskinen & Paloposki, 2015）所以，传统的复译研究也主要局限于文学作品，特别是经典文学作品的复译研究。但是，这种传统复译观在21世纪初受到一些学者的挑战。这些研究揭示了复译现象的复杂性，并且认为我们必须从特定的历史背景、规范、意识形态、互文性等多个视角研究复译问题。（Baker & Saldanha, 2009）近年来，复译问题仍然是翻译界关注的热点问题之一，甚至“日益受到译学界的关注”（陈嘉琨、刘云虹，2019:80）。

第一节　复译的必要性及动机

鲁迅认为，复译存在其必要性，这其中至少存在两个方面的原因：一是译者对原著可能会产生新的认识，二是语言是不断变化的，复译正是为了迎合不同时代的读者所使用的语言特点。

> 即使已有好的译本，复译也还是必要的……取旧译的长处，再加上自己的新心得，这才会成功一种近于完全的定本。但因语言随着时代的变化，将来还可以有新的复译本。（转引自郑诗鼎，1999:43）

在此基础上，郑诗鼎(1999)对复译动机进行了如下的补充：对原文内涵的重新解读，对两种语言文化差异所造成“缺项”的新的解决方案，对翻译的新的审视角度、方法及目的，以及读者的不同期待视域，这些都可能使译者产生复译的动因。

> 复译者萌发复译的念头，多半有下述原因：①随着对经典名著的研究不断深入，当人们对它们的认识经历了由表及里的升华之后，便会发现旧译对原文的理解有欠妥或不当之处；②随着对不同语言的对比研究不断深入，人们对各种不同语言的规律有了新的、更深刻的、更接近事物本质的认识，用这种新的认识去审视旧译，自会发现旧译还需要改进，原来认为无法用译语表达的东西，现在可以找到理想的、恰当的表达形式了；③随着语言和翻译研究领域的不断拓展，人们难免会从不同的角度对旧译的处理提出不同的看法和见解；④随着语言自身的发展变化，为更好地适应变化阶段各个时期的译语读者的审美情趣和审美期待，需要对旧译进行调整和修改。(郑诗鼎，1999：43)

此外，一般认为，复译往往还基于这样的认识，即已有译本存在缺陷，如在翻译策略上过于直译或意译、过于归化或异化等。在某些情况下，某个作品存在其他语言的译本，但不存在所需的目的语译本，或者即便有译本，也只是节译本或编译本，鉴于该作品仍然具有重大影响，则会产生复译现象。此外，如果诗学、意识形态等方面发生了重大变化，也会形成复译需求。(Koskinen & Paloposki，2015)

翻译作为一种有目的性的行为，其背后总是存在这样或那样的动机。叶艳(2016)在讨论《周易》的复译动因时指出，《周易》的复译往往是出于不同的翻译目的。例如，理雅各的复译是为了承担起自己传教士的职责；贝恩·斯的复译旨在运用《周易》的中国生活智慧拯救欧洲时弊；罗志野的复译要让西方读者从中国人的视角重新解读《周易》；傅惠生的复译是为了传播中国传统思想，增强我国文化软实力。此外，复译文本的选择主要受制于社会背景及翻译规范的演变等因素。每一个时期特有的历史文化语境都与翻译策略、方法及深层理念之间都存在着明显的对应关系。一个多世纪以来，中国莎士比亚戏剧的翻译表明，“由于文学观念的多样性和艺术审美的求异性的要求，莎剧翻译是一个不断复译和更新的过程，而其最终的目标则是可以无限接近的翻译的理想境界”（李春江、王宏印，2009:51）。科学著作的复译亦是如此。许先文（2010）以弗洛伊德《释梦》的六个中文译本为例，阐述了科学著作重译与复译的合理性和重要性。科学名著的重译与复译为读者提供了不同的解读视角，“科学名著对话语的确定性要求与话语自身的开放性形成的张力促使译者对已译作品进行修正、润色、补遗，进行重译和复译”（许先文，2010:183）。

与此同时，我们必须注意到，复译热的背后也不乏商业性动机。例如，20 世纪 90 年代，我国出现了一股文学经典“复译热”。当时，翻译文学处于兴盛时期，出现了很多世界文学经典的复译，而这繁荣背后的主要因素是商业推手。（Xu & Tian，2014）1978 年改革开放以后，国民文化生活日益丰富，阅读文学经典的热情高涨。人民文学出版社、译林出版社等具有影响力的出版社先后出版了许多高质量的经典文学译著，进一步激发了人们阅读文学的兴趣。由于市场巨大，复译和再版外国文学大师的作品成为有利可图的业务。尽管一些出版机构并无出版外国文学的资质，也没有称职的外文编辑，但是为了盈利，他们开始出版一些质量低劣的文学巨著复译，而事实上其他出版社已经出版了这些文学巨著的经典译本。因此，20 世纪 90 年代中国的文学经典“复译热”最终出现了表面喧闹背后混乱的局面。当然，复译热还不仅仅局限于文学经典的复译。例如，“21 世纪的最初十年掀起了一股复译再版《国富论》的热潮”（杨宏云、包振宇，2013:210）。尽管众多的复译有助于提高翻译水平，丰富和深化中国学术界对《国富论》文本意义的阐释，但是复译版本良莠不齐，亟须建立和完善跨学科的翻译及出版批评机制。

不良复译动机产生的复译热会带来诸多问题。例如，徐德荣和江建利（2012:100）发现《爱丽丝漫游奇境记》的大量复译本普遍存在“漏译、误译和文字中英夹杂、有失规范等问题，最关键的问题在于儿童文学翻译的文学性没有质的提高，没有从根本上超越初译”。刘雪芹（2010）则直接指出了《论语》复译热所带来的危机。其一，在国内新近出版的19个《论语》英译本中，只有一个版本是外籍译者所译，其余译本都是汉语为母语的译者译出，“英译者地位不高，主体性不足，与白话译文的距离把握不当”（刘雪芹，2010：167）；其二，复译的对象性和目的性不甚明确，译者没有预设读者群，因而没有采取特定的翻译策略和方法；其三，国内绝大多数译本的版式都是原文、今译、英译，与国外译本相比，“创新性、特色性明显不足”（刘雪芹，2010：168）；其四，一些译本的译者“没有皓首穷经的决心，没有踏实的研究态度，急功近利，粗制滥造”（刘雪芹，2010：168），个别译本当中甚至存在低级的语法错误；其五，部分复译者的知识产权意识薄弱，对前驱翻译的“继承”方式不当，“翻译是以同一部作品为蓝本而进行的，译本之间不可避免地会雷同”（刘雪芹，2010：168）；其六，翻译出版工作缺乏统筹规划，部分译者及翻译主管部门与图书进出口管理部门缺少必要的沟通和合作，致使国内多数译本未能在国外市场销售，只能在国内自产自销。

第二节 复译者与前驱译者的关系

Pym（1998：82－83）区分了两种复译：一是“被动复译”，即复译者之间相隔时空甚远，彼此之间并无任何关系。有些复译者并不了解自己的翻译已经构成一种复译行为，或者即便了解已有译本的存在，却没有接触已有译本；二是“主动复译”，即复译者处于相同的文化时空，复译者并不认同前驱译者的翻译策略，挑战前驱翻译的正确性。可以说，复译与首译之间往往存在着非常微妙的关系，这种关系甚至是竞争关系。

Koskinen & Paloposki（2015）认为，首译以不同的方式影响着复译过程及出版商、复译者、翻译评论者、读者等利益相关者。出版商往往将首译本当作重新加工的原料，而且事先并不会征求首译的意见。对于复译者而言，被复译的文本通常都是经典作品，因此复译给复译者提供了一个展示自己聪明才智的机会。对于翻译评论,评论者往往将首译作为参照对象,评价译本的优劣。对于读者而言,尽管一些读者并不关心复译问题,但是有一些读者则会明确表示他们对某种译本的偏好。Koskinen & Paloposki(2015)指出,所有的复译都必须对已有译者持某种态度和立场。按照布鲁姆(H. Bloom)"诗歌中影响的焦虑"(anxiety of influence in poetry)概念,所有文学作品都是对前驱作品的强力误读。Koskinen & Paloposki 将这一观点运用到诗歌翻译中,认为我们从复译中总能听到首译者的声音。一般而言,诗人需要找到恰当的方式处理与已有翻译的关系。布鲁姆提出了后人修正前人作品的六种不同模式,即偏离与偏转(clinamen)、完成与对抗(tessera)、倒空与修正(kenosis)、自我净化(askesis)、死者回归(apophrades)和魔鬼化(daemonization)。简而言之,后人要让前辈诗歌发生偏转或将其改头换面,从而重新加以运用。作为后世复译者,他们往往会诉诸不同的方式,但是其中恒定不变的就是,首译者是复译过程无法回避的因素,无论是复译者还是复译的研究者,都必须认真对待和研究这一问题。与此相似,章国军(2013:105)也以《孙子兵法》的复译为例,提出了名著复译的"误读进化论":

> 前驱译者由于时间上的先在性占据了名著阐释空间,其译本为后世树立了阐释标准,因而在竞争中占有优势地位。后世译者唯有误读前驱译本才有可能突破前驱的影响,扭转后到劣势,赢得翻译史上的一席之地。

译者间的竞争是普遍存在的。1925 年,歌德的一首诗歌就引发了徐志摩、胡适、郭沫若等多位诗人激烈的翻译竞赛。必须指出的是,复译的动机并非仅仅是为了在语言和风格上超越原先的译本。正如 Khalifa(2020)所指出的那样,后世对前世的"误读"常常是一种符号暴力行为,是一种斗争的场所。借鉴布迪厄的实践理论,特别是贯穿于该理论始终的"惯习""资本""场域"这三个重要概念,Khalifa 认为,翻译是一项社会实践活动,是人与人、人与社会及人与自然的互动行为。通过资本生产和应用,翻译行为人旨在形成某种差异，并且维持着这种差异性的存在。复译者对自身复译行为的辩护往往是强调自身翻译与已有的一个或多个译本存在差异。（Venuti，2003）

第三节　设计学术著作翻译中的复译现象

笔者在研究过程中惊讶地发现，复译现象在设计学术翻译中并非个例，是一个非常值得研究的问题。如上所述，一部著作得到复译可能存在这样或那样的原因，但其中一个不争的事实就是著作本身存在的价值。例如，罗宾·威廉姆斯（Rbbin Williams）是一位世界级设计大师，其作品语言简洁明快，同时配以大量实例图解和设计练习，将设计原理通俗易懂地展现在读者面前，因而受到读者的普遍好评。Peachpit Press 于 2008 年出版了他的著作 *The Non-Designer's Design Book* 第 3 版，2014 年出版了第 4 版。人民邮电出版社 2009 年出版了苏金国和刘亮合译的《写给大家看的设计书（第 3 版）》，豆瓣评价人数高达 11000 多人；2016 年出版了苏金国和李盼合译的《写给大家看的设计书（第 4 版）》，豆瓣评价人数仍有 1675 人。罗宾·威廉姆斯和卡门·谢尔顿（Carmen Sheldon）合著的 *Hand Made Design Workshop* 也有两个中文译本，书名同为《写给大家看的 DIY 设计书》：一是上海人民美术出版社 2011 年出版的陈晶译本，二是人民邮电出版社 2020 年出版的王晓波的复译本。以下是 2020 复译版的内容简介：

> 本书是一本充满创意且能不断为读者提供创作灵感的书。两位设计师运用颜料、油墨、纹理、塑型膏等材料，借助亮丽的图片、清晰的步骤，逐步指导读者如何运用传统工艺在数字设计创作中添加纸张、拼贴画、雕刻、画作等手工元素，从而创造出了令人惊叹、真正独一无二的作品。

再如 2009 年 John Wily & Sons 出版社出版的由美国哈特姆·艾斯林格（Hartmut Esslinger）所著的 *A Fine Line: How Design Strategies Are Shaping the Future of Business*。艾斯林格 25 岁时成立

了"青蛙设计",率先应用"时尚""优雅""友善"等理念,成功设计出美观与实用兼备的科技产品,并为 Apple、AT&T、Disney、IBM、LV、SAP、SONY、Swatch、Yahoo!、宏碁、阿迪达斯、花旗银行、戴尔、通用电气、惠普、本田、柯达、微软、摩托罗拉、全球音乐电视台(MTV)、太阳计算机等单位创造了畅销全球的经典商品。美国《商业周刊》认为他是全美最具影响力的工业设计师。这部著作的摘要有如下描述:

> 本书首次将设计提高到战略的高度,指出了在当今商业社会中设计之于企业发展和商业进程生死攸关的决定意义。全书共包括:站在平庸与卓越的一线之间、第一次就做对、永远不要失去自己的灵魂、只要最好的、"头脑"击败"金钱"、来一场"绿色思维"的革命、创造"下一个更好的东西"、让"生产先锋"把一切变为现实、设计战略迈向卓越的未来。

2010 年,台北智园出版有限公司出版了吕锦珍的首译本;2012 年,中国人民大学出版社出版了孙映辉的复译本。

一、设计学术翻译中确实存在"被动复译"现象

大陆和台湾地区在学术翻译出版方面并不存在有效的沟通,所以难免会出现"被动复译"现象。

案例 1: 世界经济论坛设计分会主席英国爱丽丝·劳斯瑟恩(Alice Rawsthorn)的著作 *Hello World: Where Design Meets Life* 同年出现了大陆和台湾地区两个不同的汉译本。

2015 年 2 月,台北远流出版事业股份有限公司出版了姚孟吟译繁体字版,书名翻译为《阅读设计的 13 个关键课题》。2015 年 7 月,广西师范大学出版社出版了龚元译大陆中文版,书名翻译为《设计,为更好的世界》。

两位译者在翻译过程中都对原著书名进行了重拟。从原著封面设计来看,HELLO 和 WORLD 两个英文单词都是五个字母,占据了整个封面。在该著作中,作者回顾了设计的历史,并且阐述了设计在当代生活中的地位和影响,描述了史上军阀、科学家、农民、黑

客、活动家和专业设计师运用设计的不同目的，带领读者领略世界各地，穿越不同时空。

但是，原著封面最为醒目的是“你好，世界”，与首次在1974年出现的著名程序代码同名。作者指出，设计无处不在，有其成功之处，但也不乏失败之处。所以，这部著作不限于讨论“你好，世界”所能联想到的技术、计算机或程序，这些领域的创新只是作者关注的一部分。除此之外，他还关注可用性、可持续性等问题。因此，在书名翻译中，字面翻译其主标题不失为一个好的选择，或者像台湾版那样，在译著封面加上原著英文书名。

图6.1　*Hello World* 原著及两个译著封面

案例2：奇普·基德（Chip Kidd）的 *Judge This* 同年也出现了大陆和台湾地区两个译本。

奇普·基德是美国著名封面设计师，他的一部著作标题为 *Judge This*，2016年在大陆和台湾地区先后出现了两个中文译本。台北天下杂志股份有限公司出版了洪琼芬的译本。该译者毕业于台湾大学外文系，译作包括：《这样说话，敌人也能变盟友》《本垒板上的销售课》《软技巧，还是硬道理？》《思考致富的巨人：拿破仑希尔传》等。比较有趣的是，北京中信出版集团股份有限公司同年出版了王喆的译本，所采用的书名为《瞬间打动人心的设计》。

图 6.2 *Judge This* 原著及译著封面

原著书名只有两个英文单词 judge 和 this。作者对设计和生活中的第一印象的重要性进行了饶有兴趣的讨论,认为第一印象十分重要,决定了某件商品是否能够脱颖而出,决定了用户如何与之互动以及是否会产生购买欲望。作者深刻揭示了每个设计选择背后隐藏的秘诀,或者说大家看不见的美丽和背叛。无论我们是否意识到第一印象的存在及其影响,它都对我们感知世界的方式产生了巨大的影响。所以,*Judge This* 就是评判一项设计是否是一项好设计,而好设计是什么?译者洪琼芬给出的答案就是解决问题的设计。译者王喆的答案则是瞬间打动人心的设计。当然,这些答案都带有很大的主观性。例如,20 世纪 60 年代,联邦德国掀起了一场“好设计”运动,好设计就是具有区别性特征的德式风格,即“外形的保守、使用的功能性,严肃、可靠、方整、黑、白、灰、简洁、有技术上必要的细节”等外表特征(厄尔霍夫、马歇尔,2016:179)。但是,从忠实反映原作者的思想角度来看,王喆的书名翻译还是比较贴近原作者所倡导的第一印象。

二、设计学术著作可能存在多重复译

如上所述,一般认为,文学经典作品的复译是普遍存在的,但是不少学者对非文学作品的复译仍然持否定的态度。从翻译实践来看,不少设计学术著作也存在多个复译本。

案例 1:美国金伯利·伊拉姆(Kimberly Elam)所著的 *Geometry of Design: Studies in Proportion and Composition* 存在四个中文译本。

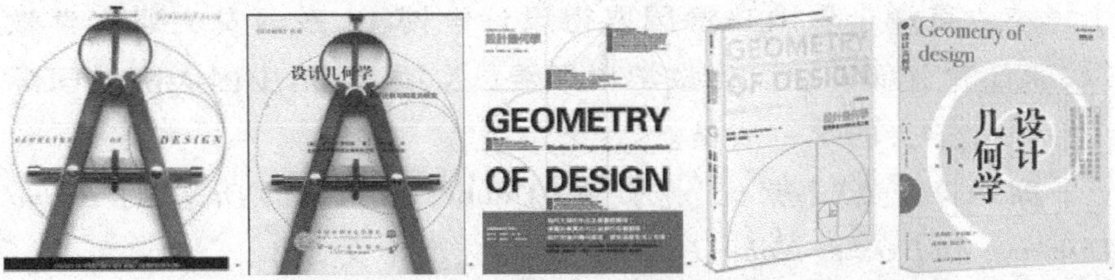

图 6.3　*Geometry of Design: Studies in Proportion and Composition* 原著及四个译本封面

2001 年美国普林斯顿建筑出版社（Princeton Architectural Press）出版的由金伯利·伊拉姆所著的 *Geometry of Design: Studies in Proportion and Composition* 迄今已有四个译本，中文书名相同，都是《设计几何学》。这四个版本包括：北京知识产权出版社 2003/2013 年出版的李乐山译本、台北积木文化 2008 年出版的吴国庆译本、台北积木文化 2016 出版的吕佩钰和吴国庆的合译本、上海人民美术出版社 2018 年出版的沈亦楠和赵志勇合译本。在这四个版本中，封面设计都不相同，但只有首译本保留了原著的封面设计。2008 版和 2018 版封面都添加了吸引读者的问题或广告式的介绍。2008 版为“为何大师的作品怎么看都顺眼？视觉美感真的可以被模仿或复制吗？设计背后的几何原理，原来这么有用又有趣！”；2018 版的封面书名右侧有“探寻经典设计的黄金比例，揭开设计与美的神秘关系。麻省理工学院口碑推荐，给创意增添永恒的理性之美！”。四个版本的豆瓣评分分别为 7.9、8.7、7.7 和 7.8。

值得注意的一点是，2003 年版的豆瓣评价人数多达 1000 多人，其中一则豆瓣评价认为，“黄金分割和根号矩形的简单讲解和案例说明，很基础，甚至觉得担不上书名里的‘几何学’三个字……”（https://book.douban.com/subject/1276767/），这或许是其评分不是很高的原因之一，与翻译质量并无什么关联。

从被引次数来看，《设计几何学》的被引总次数为 487（截至 2020 年 12 月 30 日）。其中，2003 年李乐山的译本被引次数占据了 309，占 60% 以上。总体而言，译著《设计几何学》产生了较好的学术影响。单纯从被引来看，三个复译本的被引次数并不及第一个译本。首译李乐山在德国取得设计学博士，系西安交通大学教授，兼任教育部工业设计教学指导委员会委员，是中国大陆在国际工业设计学会的唯一成员。

案例 2：美国黛比 · 米曼（Debbie Millman）所著的 *Brand Thinking and Other Noble Pursuits* 存在三个中文译本。

图 6.4 *Brand Thinking and Other Noble Pursuits* 原著及译著封面

这部著作由美国 Allworth 于 2011 年出版。原著封面中间是书名标题及作者 Debbie Millman，周围是作者访谈的大师的姓名，如 Malcolm Gladwell, Seth Godin, Tom Peters, Virginia Postel, Joe Duffy, Dori Turnstall。这些访谈对象包括营销大师赛斯 · 高汀（Seth Godin）、宝洁副总裁兼设计总监菲尔 · 邓肯（Phil Duncan）、可口可乐公司全球设计副总裁大卫 · 巴特勒（David Butler）、星巴克前全球创意副总裁及耐克前创意总监斯坦利 · 汉斯沃思（Stanley Hainsworth）、管理学教父汤姆 · 彼得斯（Tom Peters）等。原著封面最下面一行还标注了序的作者罗伯 · 沃克（Rob Walker）。

值得注意的是，黛比 · 米尔曼的 *How to Think like a Great Graphic Designer* 系列丛书受到读者的广泛关注，先后出现了三个不同的译本。2012 年，山东画报出版社出版了百舜翻译版本《像设计师那样思考. 二. 品牌思考及更高追求》；2013 年，台湾商周出版了林育如的译本《品牌这样思考：一场以设计、人类学、符号意义颠覆创意、品牌行销思维的大师对谈》；2018 年，上海人民美术出版社出版了孟姗的译本《品牌思考及更高追求》，书名翻译与 2012 年的百舜译本基本相同。但是，需要补充说明的一点是，在书名的翻译上，译者都将 great graphic designer（平面设计大师）抽象翻译为“设计师”，这种翻译为著作争取到更大的预期专业领域读者群体，但是如果翻译为《像设计大师那样思考》恐怕更好一些。

台北商周 2013 年出版的复译本书名很长，封面设计也很有特色，而大陆出版的两个版本封面设计则比较简单。如图 6.4 所示，2013 年台湾版本封面的中间上半部分是一条竖线（代表西方典型的线性话语模式），下半部分是螺形图（代表东方典型的间接话语模式），与标题中的“思维”（think）相对应。封面右上角是原著的英文书名及作者姓名，中间是纵向排版的中文版书名《品牌这样思考》，其右边是很长的副标题《一场以设计、人类学、符号意义颠覆创意、品牌行销思维的大师对谈》。封面左上角是对作者黛比・米曼的介绍。可以说，台湾版封面设计内涵远远大于原著内涵，而且更加直观。就原著的书名 *Brand Thinking and Other Noble Pursuits* 而言，如果采取字面直译，那么汉语应该是《品牌思维及其他崇高追求》，而这些追求正是那些受访者所强调的内容，如品牌营销与归属感，品牌是企业认识社会的媒介，品牌有责任让社会和生活变得更加美好，品牌的关键在于它的意义。这些确实是与品牌思维和品牌设计相关的“崇高追求”。这样看来，原著的书名非常贴切，译者是没有必要对书名进行重拟或重新设计的。但是，尽管该译本的副标题偏长，但还是很有营销效应的。相较而言，2012 年山东画报出版社版本和 2018 年上海人民美术出版社版本书名译法相同，都没有完整体现 noble 的含义，即“高尚的，崇高的”。显然，“更高追求”和“其他崇高追求”还是存在一定差异的。

在这三个版本中，单纯从豆瓣评分来看，2018 年上海人民美术出版社版本豆瓣评分略高于 2012 年山东画报出版社版本豆瓣评分；2013 年的台湾版本豆瓣评价人数不足以给分。

案例 3：日本朝仓直巳的著作《艺术・设计的平面构成》存在三个中文译本，首译在台湾出版，后在大陆再版，复译本含复译者的修订版。

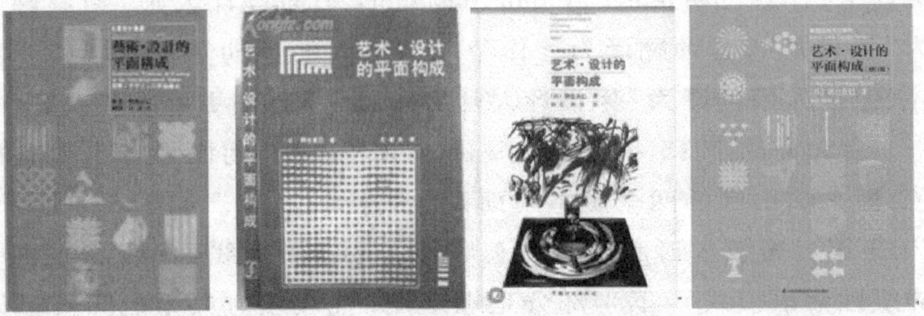

图 6.5 《艺术·设计的平面构成》首译、首译再版、复译及复译修订版封面

朝仓直巳的著作《艺术·设计的平面构成》的最早汉译本由台北梵谷图书出版事业有限公司出版(彩色封面),上海美术出版社分别于 1987 年出版和 1991 年再版(黑白封面)。译者吕清夫生于 1942 年,基隆市人,日本国立筑波大学硕士,曾是原著作者构成课程的学生。这部首译的豆瓣评分为 9.2(评价人数 100 人)。2000 年,北京中国计划出版社出版了林征和林华的合译本,豆瓣评分为 8.5(评价人数 25 人);2018 年南京江苏凤凰科学技术出版社出版了林征和林华合译的修订版,豆瓣评分为 9.1(评价人数为 133 人)。可见,无论是首译还是复译都取得了很高的豆瓣评分,而且复译的关注人数略高于首译。

朝仓直巳(1929—2003),设计家,毕业于东京教育大学(现筑波大学)教育学院艺术专业,曾任亚洲基础造型学会第一任会长,先后在福岛大学教育学院、京都教育大学、筑波大学、文教大学教育学院等从事美术教育,主要著作包括《艺术·设计的平面构成》《艺术·设计的色彩构成》《艺术·设计的立体构成》《艺术·设计的光构成》《艺术·设计的纸的构成》等系列著作。

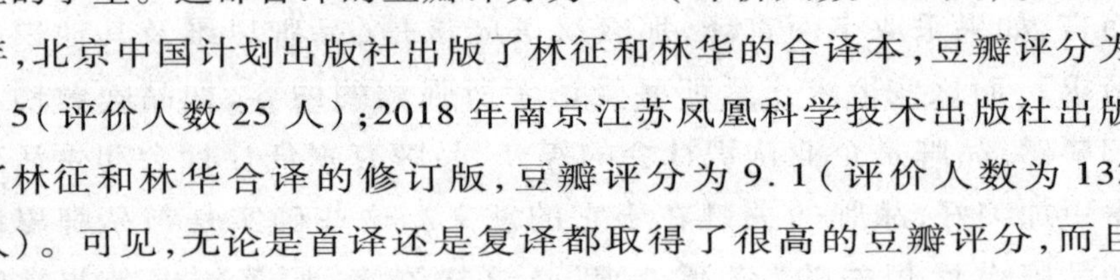

图 6.6 《住宅读本》首译、再版及复译本封面

三、复译未必能超越首译

如上所述，超越首译或前驱译者是复译的动机之一。然而，在很多情形下，这一美好的愿望未必能够成真。

案例1： 日本中村好文所著的《住宅读本》

2007年，左岸文化事业有限公司出版了林铮顗的首译本；2008年，中国人民大学出版社在大陆出版了林铮顗的汉译本；2013年，左岸文化事业有限公司又再版了林铮顗译本；2019年，中国华侨出版社出版了蕾克的复译本。

从豆瓣评价来看，林铮顗2007版评分为8.4（评价人数19人），2008版评分为8.2（评价人数690人），2013版评分为9.2（评价人数20人），蕾克2019复译本评分8.3（评价人数541人）。从豆瓣评分来看，两位译者都具有很强的创作能力，复译本超越首译并非易事。

译者蕾克生于北京，曾供职于北京大学，现定居东京。给国内多家时尚和亚文化杂志供过稿。译者林铮顗毕业于台湾大学历史系，于东京大学东洋史学研究所获硕士学位。旅居西雅图十余年，为当地华文报纸《西华报》和《华声报》撰写评论、专栏多年。

案例2： 美国保罗·兰德（Paul Rand）所著的 *Thoughts on Design* 及其他

保罗·兰德（1914—1996）被誉为"平面设计界的毕加索"，是印刷时代最具影响力的设计师之一，为美国广播公司（ABC）、西屋电气（Westinghouse）、UPS快递、IBM、耶鲁大学及乔布斯开创的NEXT电脑公司设计了企业形象标识。1956年起，保罗·兰德开始在耶鲁大学艺术设计学院任教，主要教授平面设计。他被纽约现代艺术博物馆（MoMA）提名为"十大杰出艺术总监之一"，曾获美国设计大师协会（AIGA）颁发的奖牌、入选纽约艺术总监名人堂和字体设计大师俱乐部（TDC）。保罗·兰德所著的 *Thoughts on Design* 先后于2016年和2017年翻译成中文在台湾和大陆出版。2016年，台北原点出版社出版了施昀佑的译本《想·设计：保罗·兰德的永恒设计准则》；次年，长沙湖南美术出版社出版了吴梦妍的译本《关于设计的思考》。从书名的翻译来看,吴梦妍的翻译是中规中矩的字面直译。作者在前言中指出,“只有运用了那些永恒的法则,设计师的作品才可能逐步达到合格的水准”。由此可见,施昀佑的译本书名添加了副标题《保罗·兰德的永恒设计准则》,既突出原著作者的名人效应,又具体化了著作的主题,不失为一个好的翻译。但是,从豆瓣评分来看,吴梦妍复译本的豆瓣评价人数达到340多人,产生了较好的读者效应。

案例3: 美国麦可·克鲁格(Michael Kroeger)所著的*Paul Rand: Conversation with Students*

麦可·克鲁格所著的*Paul Rand: Conversation with Students*也有两个中文译本。一是吴莉君译、台北原点出版2010出版的版本,中文书名为《保罗·兰德给年轻人的第一堂启蒙课》;二是朱橙译、北京世界图书出版公司北京公司2017年出版的《设计是什么:保罗·兰德给年轻人的第一堂课》。2010台湾版豆瓣评分8.1,评价人数318;2017大陆版豆瓣评分7.8,评价人数117。单纯从豆瓣评分来看,复译本并没有能够超出第一个译本。

保罗·兰德是美国乃至世界上最杰出的图形设计师、思想家及设计教育家,第二个译本扉页列举了几个他所总结的设计永恒之道,从以下译文我们可以管窥译本的整体翻译质量情况:

原文1:“Everything is design. Everything!”

原译1:设计就是一切。一切![这个译文对应的原文一般为Design is everything。]

改译1:一切都是设计。一切!

原文2:“It is important to use your hands, and this is what distinguishes you from a cow or a computer operator.”

原译2:运用双手非常重要,那是将你和一头牛或电脑操作员区别开来的方式。

改译2:动手很重要,这是你与牛和电脑操作员的区别所在。

原文3:“Design is also a system of proportions, which means the relationship of sizes.”

原译3:设计也是一种比例系统,是尺度大小之间的关系。

改译 3：设计亦是一个分割系统，分割意味着尺寸大小之间的关系。

四、复译动机：改进首译中的术语翻译

在引进西方先进的设计理念、思想和方法的过程中，译者的认知往往受到诸多因素的制约，在术语翻译等方面容易造成不准确的现象，为复译者提供了复译的动机。

案例：*Invisible Gardens: The Search for Modernism in the American Landscape* 的首译与复译。

图 6.7　*Invisible Gardens: The Search for Modernism in the American Landscape* 原著及两个汉译本封面

Invisible Gardens: The Search for Modernism in the American Landscape 的原作者为美国彼得 · 沃克（Peter Walker）和梅拉妮 · 西莫（Melanie Simo），由美国麻省理工学院出版社于 1994 年出版。该著作迄今有两个汉语版本，均由大陆出版社出版，复译本与首译本之间间隔 8 年时间。

2009 年，汉语译本由王健和王向荣翻译、中国建筑工业出版社出版，豆瓣评分为 8.3，参评人数为 233 人。2017 年，复译本由陆路平、唐雪梅、黄奕苗和黎典明合作翻译，南京江苏凤凰科学技术出版社出版，因豆瓣评价人数不足暂无豆瓣评分。两个版本的汉语书名完全相同，均为《看不见的花园》，封面设计也具有相似性，都沿用了原著的封面设计。全书共十章，两个版本中九章的章节名称汉译存在差异，包括第十章的逗号与冒号这样的标点符号之差、术语翻译方面的差异，如“社会景观—社会的影像”“现代转

型—现代转向”“美国梦—美国梦想”“庭院—后院”“学派—学术界”“现代化—维新”和“实践型有机体—实践组织形式”，以及句法方面的差异，如“作为社会景观的花园—花园作为社会的影响”“作为艺术的花园—花园作为艺术”和“赶超—使……相形见绌”。

表 6.1　2017 年复译版与 2009 年首译版目录翻译差异

2009 年版目录	2017 年版目录
第一章　花园作为社会的影像 30	第一章　作为社会景观的花园 030
第二章　花园作为艺术 56	第二章　作为艺术的花园 056
第三章　托马斯·丘奇的现代转向 92	第三章　托马斯·丘奇的现代转型 092
第四章　超越美国(或加利福尼亚)梦想 116	第四章　超越美国梦(或加州梦)116
第五章　从庭院到中心城市 144	第五章　从后院到中心城市 144
第七章　学术界的维新 198	第七章　各学派的现代化 198
第八章　合作工作室,一种新的实践组织形式:第一次浪潮 222	第八章　新的实践型有机体——合作工作室:第一次浪潮 224
第九章　环境:科学使艺术相形见绌 256	第九章　环境:科学赶超艺术 258
第十章　合作工作室,第二次浪潮 282	第十章　合作工作室:第二次浪潮 284

总体而言，2017 年版本优于 2009 年版本。但是，以名词“庭院”和“后院”为例，2009 年版本的“城市庭院”翻译选词要比 2017 年版本的“都市后院”更为合适。以下为两个不同译本的相关语境情况：

在此之后的十年里，哈普林展现了他在城市庭院中和在生长着橡树与松树的山坡上设计优雅的花园的非凡能力（丘奇也曾完成过类似的项目）。在对于比例考究的花园细部设计方面，哈普林与丘奇不相上下，但是他与丘奇的心境和精神风貌是不同的。由于哈普林更加年轻、更加开朗，而且又是最近刚刚到西海岸来，因此哈普林更像是为自己在设计。他以异乎寻常的热情创造了适于生活、舞蹈、成长、生存的花园（图 74、图 75）。（沃克、西莫，2009：151）

在接下来的十年中，哈普林在设计精致花园方面展现出了非凡的能力，而这些花园与丘奇曾打造的都市后院以及带

> 橡树和松树树荫的山坡很相似。在比例考究的花园细部方面，哈普林与丘奇不分上下，但前者的心境和精神风貌与后者不同。哈普林更年轻、更开朗，而且才刚到西海岸，所以他更像是在为自己设计。他带着异乎寻常的热情，打造了适合生活、跳舞、成长和生存的花园（图74、图75）。（沃克、西莫，2017：151）

译者王向荣在译后记中指出，美国的景观设计取得了重大成就，但是尚未得到公众、艺术评论家和艺术史学家的关注。《看不见的花园》有助于读者了解美国现代景观学及其发展目标和行业影响，并对中国的理论研究和设计实践具有重大的借鉴作用，这反映了他们翻译的学理思考。关于具体的翻译问题，他做了如下概述：

> 2002年，林箐和我在撰写《西方现代景观设计的理论与实践》的时候，这本书就是我们的一部重要参考文献。后来我们将这本书推荐给中国建筑工业出版社，希望能翻译出版。但这之后申请版权似乎就颇费周折，而最终翻译花费的时间远远超出了预料。原因有很多，其中最关键的一点就是我们深感这本书的重要，为了将历史的事实和作者的观点准确地传递给读者，我们对书中的文字进行了数轮反复推敲，花费了大量的时间。另外，尽管从语言上看本书的翻译难度并不大，但是由于目前有些英文专业名词在汉语中并不能找到完全对应的、大家能够普遍接受和理解的名词，一些看似简单的名词的翻译却颇让我们为难，决定它们的译法也花费了相当多的时间，最后有些名词的翻译可以说在某种程度上也是无奈的选择，如有不恰当之处，还望读者谅解。（沃克、西莫，2009：310）

从中我们可以看出，译者王向荣身为景观设计专家，在自己撰写专著的过程中已经借鉴了《看不见的花园》这部著作中的重要观点。在翻译的过程中，他们碰到的主要问题之一就是如何恰当地翻译其中的一些专业名词，因为当时他们并不能找到这些名词在汉语中的对应表达方式，这一点我们从目录的翻译可见一斑。从这一意义上来讲，尽管2017年江苏凤凰科学技术出版社的复译本中并不包含译者序或译后记，我们仍然可以推断，更科学地翻译其中的术语体系恐怕是译者复译的动机之一。两个译本中“英汉词汇对照”中除了人名之外的词汇翻译存在差异，2017复译版的专有名词翻译着实比2009首译版略胜一筹。

表6.2　2017年复译版与2009年首译版部分词汇翻译对照

原文	2009年版	2017年版
American Institute of Architects	美国建筑师学会	美国建筑师协会
American Society of Landscape Architects	美国景观规划设计师学会	美国景观设计师协会
House Beautiful	《房屋美化》	《美丽家居》
Toward New Towns for America	《实现新的哥伦比亚》	《为美国打造新城》

本章主要讨论了设计学术翻译中的复译现象。此外，在设计学术著作翻译中还存在转译现象。仅以中国建筑工业出版社推出的“建筑师丛书”为例，其中就有四部为转译：

1990年，尹培桐出版了译著《存在·空间·建筑》，原著作者为挪威诺伯格·舒尔兹(Norberg-Schulz)。这部译著是据日本鹿岛出版社1979年出版的加藤邦男的日语译本进行的转译。

2006年，张似赞出版了译著《建筑空间论：如何品评建筑》，原著作者为意大利布鲁诺·赛维(Bruno Zevi)。译著是根据1974年英译本转译的。

2005年，席云平和王虹合译了《现代建筑语言》，原作者为布鲁诺·赛维，中文版转译自华盛顿大学出版社1978年出版的英译本。

卡米洛·西特(Camillo Sitte，1843－1903)是奥地利建筑师、城市规划师和画家。他的著作《遵循艺术原则的城市设计》初版于1889年。华中科技大学出版社2020年出版的王骞的中文译本是依据德文版第四版转译而来的。

第二部分

设计学之于翻译学的启迪

第七章　学科性：翻译研究中的跨学科及其他

我们在第一部分主要讨论了设计学术翻译问题，主要包括设计学术翻译的概貌、主体、客体及影响力，并就设计学术著作翻译中的书名翻译和术语翻译进行了专题研究。第二部分主要借鉴设计学的一些关键术语和思想反观翻译研究中的一些问题，如学科性、界面、隐性知识等。本章为第二部分的第一章，主要关注跨学科问题。

众所周知，跨学科的概念并不是一个新鲜的概念。然而，何为跨学科？如何开展跨学科研究？似乎并不是容易回答的问题。

第一节　关于“跨学科”的困惑

“跨学科”这个术语对我们大家来说并不陌生。早在 1996 年，杨自俭先生就在中国英汉语对比研究会上提出了翻译学的跨学科性，翻译研究应该是“一门跨学科的综合性很强的学科”（转引自吕俊、兰阳，1997：55）。然而，时隔 20 多年以后，有关翻译学的学科性问题或者说对跨学科等学科性问题的理解仍然是令人困惑的问题。

> 令人玩味的是，尽管“跨学科（性）”这一概念在翻译研究界已行之有年，但目前尚无人对这一概念做过系统的界定，不仅没有专门的文章加以论述，各种翻译研究工具书中也没有相关的词条。对于什么是跨学科的翻译研究，大家似乎心照不宣，有一种共识。（韩子满，2018：74）

当然，跨学科问题的本质属性问题并非翻译界独有的困惑。例如，王晓真（2020）在《中国社会科学报》撰文，呼吁“理性看待跨学科研究热潮”：

> 英国格拉斯哥大学教授李·克罗宁（Lee Cronin）认为，相较于跨学科研究的热度，人们对它的理解和认识显然还不够充分……荷兰乌得勒支大学社会科学家拉克希米·巴拉钱德兰·奈尔（Lakshmi Balachandran Nair）表示，如果只是相近领域之间的合作，跨学科便失去了意义，如有些学者把策略和组织行为结合起来称之为“跨学科”。如果各学科都进行如此严格的细分，然后再把它们结合起来成为跨学科，那么任何科学研究都可以在不同程度上被称作“跨学科”。（http://www.cssn.cn/hqxx/202004/t20200424_5118178.shtml）

由此可见，对于跨学科的理解问题是一个普遍存在的问题，无论是国内，还是国外，“跨学科”都是一个热词，但对于大多数人而言，它又是似是而非的概念，在翻译研究中更是如此。

那么，汉语中的“跨学科”对应英语中的什么说法呢？是cross-disciplinary，interdisciplinary，还是什么？从“跨学科”的英汉语对应表达出发，有助于我们增进对跨学科内涵的理解，从而进一步开展相关研究工作。

第二节　学科危机、职业困扰与伦理

不少学者认为，如今设计学已经是危机重重，这不仅是时间的轮回给学科带来的魔咒式兴衰交替，更是由于设计学自身所产生的或必须应对的问题。与此相似，翻译学作为一种新生学科也面临着实实在在的挑战。

在我们的翻译实践中，我们遇到了一个尴尬的问题——似乎只要学了点外语的人都能从事翻译。人人都可以“做翻译”，翻译职业也因此贬值了。在这一点上，设计亦具有类似的问题。职业的地位取决于职业赖以存在的基础。唐纳德·诺曼以及其他学者认为,“我们大家都是设计师”(转引自 Bremner & Rodgers,2013:5),因此“非职业设计师”现象日益普遍。在此之前,拉兹洛·莫霍利-纳吉(Lazlo Maholy-Nagy)在包豪斯(Bauhuas)所构建的教育理论的核心就是人人生来都天资聪颖,约瑟夫·波依斯(Joseph Beuys)又将此夸大为“人人都是艺术家”。言下之意是只要有天赋,就能成为设计师,成为艺术家;因为人人都有天赋,所以人人都能成为设计师,成为艺术家。然而,现代艺术教育模式已经放弃了原先的范式,所强调的也不再是天资天赋,而是创造力。事实上,并非人人都有设计的天赋,创造力倒是普遍存在的。再到后现代,态度又取代了创造力,成为设计师及艺术家的先决条件。据此,拉姆斯(Rams)痛惜,设计的存在语境不断变化,“设计”一词似乎处于一个不断贬值的过程之中,“设计师”甚至成了一个让人尴尬的称谓。然而,“慕尼黑设计宪章”指出,设计必须关注“经济、生态、交通、通信、产品、服务、科技、创新、文化、文明,必须关注社会、心理、医疗、自然、环境和政治问题,以及各级各类社会组织”。(转引自 Bremner & Rodgers,2013:5)设计在人类社会发展进程中起着举足轻重的作用,因此我们必须重视设计职业的严肃性。翻译亦是如此。“著名学者季羡林曾经拿河流来做比喻,认为中华文化这一条长河从未枯竭,中华文化之所以能长葆青春,‘万应灵药’就是翻译。”(许钧,2009:10)然而,2018 年 10 月 15 日的《文汇报》曾经如是报道:

> 劣币驱逐良币的现象不仅在译界由来已久,致使翻译的市场价“没有最低,只有更低”,而且更堪忧的情况是:现在已经有人愿意承受以 0 元为稿酬的图书翻译,且接活的并不是初出茅庐的年轻人……在不少资深译者看来,外文图书翻译稿酬长期偏低的情况之所以难有起色,和翻译界的失序有关:大量非专业的人在做一项十分需要专业的工作。(樊丽萍,2018)

诚然,谁也不能磨灭翻译在历史长河中的印迹。在我国,古代的象胥都是官员,一直到现代,人们还俗称翻译为“翻译官”。翻译的职业化最初是从口译开始的。1919 年举行的“巴黎和会”是现代国际口译的转折点，口译转向经过专门技能训练的专业译员。无论是在东汉、唐宋和明清还是在五四运动前后及改革开放以来的几次翻译高潮中，翻译都推动了政治、外交、军事、科技、经济、文化等领域的交流和发展；如果说一切皆设计，“小到吃饭的勺儿，大到我们生活的城市”，设计无所不在——从日常用品的设计，到城市、景观、民族、文化、制度、基因和食品生产方式的设计，再到旅游的方式、汽车制造甚至克隆羊的方式的设计(Bremner & Rodgers, 2013)，那么我们可以说一切似乎都离不开翻译。但是，如果译员的生存状况持续堪忧，翻译职业的严肃性一直受到漠视，那就谈不上翻译灿烂的未来。

其实，我们上面所提到的翻译职业的严肃性问题也涉及超学科的伦理问题，而且这一问题并没有得到翻译学界的根本重视。在翻译过程中，译者应该如何处理纷繁复杂的伦理问题，有哪些基本的准则？这并不是单纯的翻译学科能够解决的问题，却是翻译人必须重视的问题。就应用伦理学而言，翻译伦理学如何从决策伦理学、职业伦理学、医患伦理学、商业伦理学、组织伦理学、社会伦理学甚或工程伦理学中汲取智慧、营养和经验，这是一个刻不容缓的问题。我们知道，早在 20 世纪 30 年代，工学就明确提出了“工程伦理”的概念。20 世纪 70 年代以来，在美国等一些发达国家开始兴起工程伦理学，从科学技术和职业两个不同的角度看工程，关注科学家和工程师如何处理好追求利润及效率与公共安全及人民福祉之间的关系。相较而言，1985 年，A. Berman 才首次提出了“翻译伦理”的概念，将伦理作为翻译行为的目标追求。此外，在“豆腐渣工程”、拖欠农民工工资、食品安全、工程事故频发等背景下越发彰显了工程伦理的重要性。在人才培养方面，2018 年，国务院学位委员会发布了《关于制订工程类硕士专业学位研究生培养方案的指导意见》，将“工程伦理”课程列为工程硕士专业学位研究生的必修课程，以期培养工程技术人才的工程伦理意识和实践应用能力，徐海涛等(2020)在《工程伦理》前言中做了类似的陈述：

> 随着中国制造、中国创造、中国建造的共同发力,中国正在从一个工程大国逐步迈向一个工程强国。要实现这一有效转变,需要越来越多的工程技术人员作为支撑。当代社会对工程师的要求已经不再是纯粹技术层面上的了,除了要求他们专业精、业务强,还希望他们对工程的生态环境、公众健康、社会安全、人文关怀等影响有着足够敏锐和深刻的认识,要具有高度的社会责任感、正确的价值观和强烈的伦理道德意识,尤其要具备非常强的伦理决策和价值选择能力。因此,工程伦理教育已然成为当今工程教育体系的重要组成部分,直接决定着未来的工程师们素质培养是否全面,也直接影响着中国未来工程师们的国际竞争力。
>
> 现代工程的规模程度、覆盖广度、影响深度不断提升,工程决策和工程实践中的各种伦理冲突也不断涌现,如大型工程利益相关方的公平和公正问题、转基因工程和换头术等引发的生命伦理问题、大数据技术蓬勃发展带来的个人隐私问题、工程决策中的环境保护和经济发展冲突问题等……工程伦理教育应该是全链条、全过程、全方位的教育,需要从源头抓起。随着我国成为《华盛顿协议》的正式成员,工程伦理也逐渐成为工程教育的“第一课”,只有培养具有“伦理意识”的、以“造福人类和可持续发展”为理念的工程师,才能使其将来在面对伦理困境时做出正确的判断和选择。(徐海涛等,2020:1)

目前,不少高校都明确要求工科专业需要开设工程伦理课程,商科专业需开设商业伦理课程,却没有要求外语专业开设相关伦理课程。由此可见,在翻译学科内外都存在对翻译伦理理解的偏差。当然,开设工程伦理课程,要求教师不仅要精通本学科专业知识,而且需要具备丰富的工程实践经验,积累大量的工程案例,而不是停留于抽象的伦理概念,忽视在工程实践中的伦理应用能力培养。对于翻译学而言,一个很尴尬的问题就是,在某些高等学校的科研成果评价体系中,翻译一本译著的“学术含量”可能还不及一篇论文,在这样的指挥棒的引领下,鲜有沉下心来从事实践的“接地气”的实干队伍。

第三节　“跨学科”等术语在翻译界外的应用

一、“跨学科”与 interdisciplinary

如果我们借助“超星发现”的高级检索，对“跨学科”进行以下两项检索：(1)在“标题”项选择含有“跨学科”及 interdisciplinary，以及(2)在“标题”项选择含有“跨学科”及 cross-disciplinary 分别进行检索，那么截至 2019 年 1 月 23 日，前者检索结果是 683，后者检索结果为 67。再对“交叉学科”进行类似的检索，即(3)在“标题”项选择含有“交叉学科”及 interdisciplinary/interdisciplinarity，以及(4)在“标题”项选择含有“交叉学科”及 cross-disciplinary/cross-disciplinarity，那么截至 2019 年 1 月 23 日，前者检索结果为 260，后者检索结果为 38。由此，我们可以初步判断：(1)在汉语学界，无论是“跨学科”还是“交叉学科”，更多的学者都将它们翻译为英语的 interdisciplinary 一词。(2)不少学者没有明确定义这两个术语，存在将这两个术语互用的现象。以张炜和钟雨婷(2017)为例，他们在讨论亚琛工业大学的跨学科战略定位、跨学科学术组织结构、跨学科学术组织运行机制特色、跨学科教学模式和研究模式等方面的特色实践与关键特征时，在文中是将“跨学科”和“交叉学科”交叉使用的。

那么，汉语中的“跨学科”和“交叉学科”到底有没有区别？英语中的 interdisciplinary 和 cross-disciplinary 到底有没有区别呢？

一般认为，最早使用 interdisciplinary 一词的是 1926 年美国哥伦比亚大学的著名心理学家伍德沃思(Woodworth)教授，其目的是为了促进多个学科间的研究。20 世纪上半叶，美国政府在高等院校建立了各种实验室，从事形形色色的任务导向型的科学研究，如雷达研究、原子核裂变研究等，以便满足美国在第二次世界大战以后新的军事需求。这种军事需求促进了不同领域和不同部门的科学家、工程师、设计师之间的合作，打破了不同学科之间的界限。杨小丽、雷庆(2018)在其论文中将 interdisciplinary 翻译成“跨学科”,认为相关研究在20世纪70年代达到了新的高度,其标志之一就是1970年9月在法国尼斯大学召开的首届专题国际学术讨论会的论文集 *Interdisciplinarity: Problems of Teaching and Research in Universities*(《跨学科性:大学教学研究中的问题》),其中的观点和理论为后来的“跨学科”发展提供了坚实的理论基础。此外,Klein(1991)的专著 *Interdisciplinarity: History, Theory, and Practice*(《跨学科性:历史、理论和实践》)“标志着跨学科理论开始进入一个系统、全面发展的新时期”(徐小丽、雷庆,2018:5)。

在上述首届专题国际学术研讨会上,埃里克·詹奇(Erich Jantsch)提出了一组术语,用来描述和区分涉及不同学科的协作形式。一般认为,这种不同层次的协作始于“多学科”(multidisciplinary),也就是从单一学科出发所从事的研究,这是最简单的一种协作形式。在此基础上,可以发展到复合学科(pluridisciplinary)、交叉学科(crossdisciplinary)、互动学科(interdisciplinary)、超学科(transdisciplinary)等。但是,这些术语往往用法不够精确,经常被混淆。例如,“互动学科”(interdisciplinary)用法往往不具体,指跨学科之间的一般意义上的合作,而交叉学科(crossdisciplinary)则经常用作形容词,描述学科间的活动。(Bremner & Rodgers,2013:5)

然而,按照首届专题国际学术研讨会的界定,所谓interdisciplinary,是指两门或两门以上不同学科之间互动,这种互动可能是简单的观点交流,也可能是就一个共同关心的问题组建一个跨学科团队组织,参与者之间开展持续性的相互交流,在组织内实现概念、方法论、规程、认识论、术语、数据、研究、教学等方面的相互融合。由此,我们看到,这种解释强调学科之“间”的互动。inter-前缀是指“在……之间”的意思,就像international汉语翻译是“国际的”。再如雅各布森对翻译的三种划分intralingual translation, interlingual translation, intersemiotic translation,我们一般将它们分别翻译为“语内翻译”“语际翻译”“符际翻译”。那么,interdisciplinary是不是应该翻译成“跨学科”以外的什么表达呢?

二、"交叉学科"与 cross-disciplinary

杨小丽、雷庆(2017)认为，交叉学科发端于中国，并没有英语词源。在国内交叉学科研究领域，最有影响的当属刘仲林团队和王续琨团队，但是他们对交叉学科的英文翻译却有所不同。

刘仲林将"跨学科"及"交叉学科"都翻译为 interdisciplinary。例如，刘仲林(1986)《交叉学科与交叉(跨学科)教育》一文标题中就将"交叉"和"跨学科"视为同一种意思，指出"随着 1985 年全国交叉科学学术讨论会的召开，特别是钱学森、钱三强、钱伟长等老一辈科学家的热忱倡导，一个研究交叉科学、普及交叉科学的热潮正在全国初步形成"(刘仲林，1986:29)。在 1988 年《国外"学科"与"跨学科"概念介绍》这篇文章中，他明确指出，"'跨学科'一词的英文为 interdisciplinary，国外学者对其下的基本定义为：'跨学科是对那些处于典型学科之间的问题的一种研究。'我们通常所说'交叉科学'其英文即为 interdisciplinary science，亦可译为'跨学科科学'。"(刘仲林，1988:27)由此可见，他是将"跨学科"和"交叉学科"交互使用的。进一步检索发现，刘仲林的论文中一般都将"交叉学科"的英文标注为 interdisciplinary，如 2003 年的《交叉学科分类模式与管理模式》("The Classifying Mode and Management Meditation About Interdisciplinary Subjects")、2008 年的《"交叉学科"学科门类设置研究》("Comparative Study of Inter-Disciplines in China and America")以及 2009 年的《人文社会科学部类交叉学科发生状况的计量分析》("Quantitative Analysis on the Occurrence Status of Interdisciplinary in Humanities and Social Sciences")；此外，他对跨学科的英文标注也是 interdisciplinary，如 2005 年的《跨学科研究：科学原创性成果的动力之源——以百年诺贝尔生理学和医学奖获奖成果为例》("Interdisciplinary Research: The Impetus Source of Creative Achievements in Scientific Research")、2012 年的《跨学科研究的灯塔——博尔丁奖述评》("Guide of Interdisciplinary Research: The Boulding Award")及 2016 年的《改进跨学科研究项目评审的对策与建议》("Countermeasures and

Suggestions on Improving the Assessment of Interdisciplinary Research Project")。

与王仲林不同，王续坤在其后期的论文中对"交叉学科"的英文标注进行了调整。在他 2000 年的《安全科学：一个新兴的交叉学科门类》("Safety Science: A Rising Interdisciplinarity Subcategory")和 2000 年的《交叉学科、交叉科学及其在科学体系中的地位》("Interdisciplinarity, Interdisciplinary Science and Their Position in the System of Sciences")两篇论文中，他将"交叉学科"标注为 interdisciplinary；但在 2009 年的《远缘跨学科研究与交叉科学的发展》("The Development of Distant Interdisciplinary Studies and Cross-Science")和 2011 年的《交叉学科创生的形态关系模式——以管理科学学科为例》("Conformation Relation Pattern of the Creation of Cross-Discipline—Take Management Sciences as an Example")两篇论文中，他将"交叉学科"的英文标注为 cross-disciplinary。与此同时，王续坤(2011)对"交叉学科"给出了明确的定义，即"介于数学、自然科学与哲学、社会科学之间的边缘学科，交叉科学则是所有交叉学科的统称"(王续坤，2011:23)。

尽管王仲林和王续坤"两位学者观点有所不同，但均认为跨学科不同于交叉学科，前者是一种整体的理念，后者则是该理念下产生的一个结果。结合跨学科的作用机制可知，在跨学科与交叉学科的关系上，后者是前者的一种下位概念，两者具有完全不同的活动范围与研究界限"(杨小丽、雷庆，2018:57)。既然跨学科和交叉学科并不相同，那么将两者都翻译成 interdisciplinary 或者 cross-disciplinary，显然是不严肃、不科学的。

第四节　翻译学界中的 interdisciplinary 及其他

正如韩子满(2018)所指出的那样，翻译学界在运用跨学科这一表述的时候，跨学科实际上是一个非常宽泛的概念，它涵盖了在科学意义上应该加以严格区分的三种学科交叉的研究方法，即"多学科研究(multidisciplinary studies)、跨学科研究(interdisciplinary studies）和超学科研究（transdisciplinary studies）”（韩子满，2018：74）。厘清跨学科的概念的必要性还在于，跨学科的研究方法在拓宽翻译研究疆域和方法的同时，也会因跨学科方法不当或局限性而造成一定的风险，如生搬硬套其他学科 X，Y，Z 的框架理论，不断“开辟”所谓的翻译 X 学、翻译 Y 学、翻译 Z 学，为理论而理论，却没有解决任何新问题，也没有对老问题提出更令人信服的新解释；或者仅仅满足运用另一个学科的理论来验证翻译研究中已经回答或解决的问题；或者淡化甚至偏离了翻译研究的研究对象，即翻译理论、翻译实践和翻译现象。

翻译学在 20 世纪 80 年代已经发展成为一门独立的学科，而且从一开始就似乎和“多学科”“跨学科”等概念结下了不解之缘。Baker & Saldanha（2009：xxii）在其《翻译研究百科全书》（*Routledge Encyclopedia of Translation Studies*）中指出，翻译学科不断关注新问题，呈现出“越来越明显的多学科性趋势”。翻译作为一门新生学科，在自身理论处于发展阶段的时候，借鉴了众多学科的理论和方法，从多学科视角研究翻译问题。此外，对于翻译而言，多学科性还多了另一层含义，那就是翻译实践所涉及的翻译对象可能是任何一个学科或多个学科的复合，这是翻译内容的多学科性特征。可以说，有关翻译学的学科属性问题迄今仍然是大家热衷的话题之一，这其中至少存在三个方面的原因。

其一，我们对翻译学的学科属性的认识更加深入了，而且翻译学与其他学科之间的关系并不是一成不变的，它与一些学科的紧密关系在发生变化，学科关系的动态变化会吸引学界不断讨论这一问题。Munday（2016：24 – 25）以醒目的标题形式发问，翻译学与其他学科之间的关系到底是 multidisciplinary（多学科关系）还是 interdisciplinary。他指出，interdisciplinary 关系促进不同类型的知识和技术之间形成新的联系，从而挑战现有的思维模式。新兴的 interdisciplinary 学科（如翻译学）在与传统学科之间的联系中可能处于主要地位或次要地位，换言之，翻译学既可能是主干学科，也可能是次要学科。例如，按照时间先后顺序，翻译学在与以下学科的学科关系中基本处于主要地位（Munday，2016：25）：

- 语言学(特别是语义学、语用学、应用及对比语言学、认知语言学)
- 现代语言及语言研究
- 比较文学
- 文化研究(包括性别研究及后殖民研究)
- 哲学(关于语言及意义的哲学,包括阐释学、结构主义及伦理学)
- 社会学
- 历史学
- 创意写作

其二,翻译学在与其他学科的关系中没有像我们所希望的那样处于主要或支配地位,没有从真正意义上加深我们对翻译学的认识,学科性也因此成为学者的顾虑和担忧。

> 翻译学与其他学科所建立的伙伴关系几乎都是不平衡的关系:地位、权力、资金支持以及实际研究能力一般大多取决于伙伴学科。此外,互动学科性促进了研究范式的传播,因此可能会进一步削弱“笔译研究”以及“口译研究”作为自主学科的地位。(Gile,2004:29)

Gile 的言下之意是,在与其他学科的学科关系中,无论是笔译研究还是口译研究,翻译学的主要地位非但没有得到彰显,反被削弱了。Munday(2016:26)也因此指出了一个非常现实的问题,那就是翻译学在很多学校都设在语言学系下面,其次要地位或者从属地位是不言自明的。

其三,有关翻译学学科性质的再讨论也意味着翻译学自身发展到一定阶段出现了一种瓶颈或危机。按照吕俊(2000)对翻译研究进行的范式划分,翻译研究经历了语文研究范式、语言学研究范式、解构主义研究范式和建构主义研究范式。但现今的主导范式又是什么呢?如今,似乎出现了一种范式危机。我们看到了纷繁的多学科视角的研究,在翻译硕士论文选题中,“……视角的……翻译研究”这样的命题似乎成了最大众也最保险的选题,这说明翻译研究已经出现了一种范式危机,不少学者对翻译的学科性也出现了这样或那样的质疑。这正如 Cross(2001)在讨论设计研究领域的危机的时候所指出的那样,当一个学科的研究方法再次成为人们关注的焦点的时候,这已经表明该学科处于危机之中。这种危机在设计研究领域每隔 40 年左右就会出现一次。翻译研究和设计研究在诸多方面都存在惊人的相似,翻译研究的学科性问题再次成为关注的焦点也就不足为怪了。

第五节 复杂的学科性对翻译学的启迪

事实上,在谈到翻译学的学科性的时候,我们不仅会提到"跨学科性",还会提到"多学科""交叉学科""互动学科""超学科"等多种学科性的概念。如果我们不厘清这些概念,我们就不能从根本上厘清翻译学学科的研究范式和发展路径。

杨自俭(1998)认为翻译研究具有跨学科的特征。廖七一(1998)也较早地谈到了翻译的跨学科属性问题,他认为尽管翻译离不开语言分析,但对于译者而言只做语言分析是不够的,他还必须"了解社会和行为模式,甚至认知方式、价值观念、信仰态度对翻译的影响"(廖七一,1998:27),也就是说,译者不仅要掌握源语和目的语,娴熟运用语言分析手段,还要关注语言外的因素。他还进一步指出,翻译学的跨学科性还表现在"翻译研究与其他社会科学,甚至自然科学学科的交融结合上"(廖七一,1998:27)。因此,翻译研究不能仅仅局限于单一学科的发展和研究,"必须有一个多学科综合、跨学科领域相互渗透、不同思潮互补的基础"(廖七一,1998:28)。这种对跨学科的理解,实质上是将 interdisciplinary 理解成了"互动学科"。

至此,我们看到英语中的 interdisciplinary 并不完全对应汉语界所言的"跨学科"或者"交叉学科"。可以肯定的是,interdisciplinary 研究必须跨越研究范式和学科的藩篱。Klein(2010:181)也持有类似的观点,interdisciplinary 研究意味着整合两个及以上的学科或知识体系的"内容、数据、方法、工具、概念和理论”，其目的在于进一步理解并解决复杂性问题。interdisciplinary 研究所解决的问题涉及面广，是某个单一学科无法解决的。Gass 在《第二语言习得研究》1993 年第 2 期的卷首语中指出，第二语言习得作为一门相对年轻的学科，无论是在方法论上还是研究选题上都会受到语言学、心理学等学科的影响，表现出一种 interdisciplinary 关系。但是在理想情况下，interdisciplinary 研究中所涉及的学科影响应该是多向度的而不是单向度的，应该是相互依赖的关系。但是，第二语言习得往往在很大程度上依赖其他学科领域的理论和方法，其研究成果很少能够促进其他学科的发展。换言之，其他学科的发展对第二语言习得产生了影响，但是第二语言习得的研究并没有能够对其他学科产生影响。我们在此可以明确地看到，在语言学界，Gass 对于 interdisciplinary 的理解也强调了不同学科之间的互动性，即相互影响、相互促进。至此，我们认为，把 interdisciplinary 翻译为“互动学科”更为恰当。

我们在上一节中已经用到了“互动学科”“多学科”等概念。事实上，如表 7.1 所示，有关“学科性”的概念远不止这些，这种从设计学学科视角的讨论对于翻译学也不无启迪之处。

表 7.1　学科性及其特征（Bremner & Rodgers，2013）

研究属性	设计师的特征	学科特征
学科性（Disciplinarity）	个体能够理解一组概念和一种方法论，能够提出独特的问题，并在该领域内开展新的研究。	能够理解来源于实践的一组概念和一种方法论。能够接受问题，并且只在该领域内进行设计。
多学科性（Multidisciplinarity）	个体表现出学科能力，并且理解必须把自己的工作和相邻学科其他人的工作联系起来，因此开始了解并运用这些领域所使用的一些概念。	能够理解学科差异，并显示出向其他学科学习和借鉴的能力。
交叉学科性（Crossdisciplinarity）	个体表现出学科能力，了解其他学科的概念与自身学科之间的联系，并掌握了其中的一些概念。他们能够与其他学科开展建设性的交流。	能够理解学科差异，并且能够跟踪其他学科的问题焦点。

（续表）

研究属性	设计师的特征	学科特征
互动学科性（Interdisciplinarity）	个体表现出至少两种学科能力，其一为主干学科，能够充分运用另一学科的概念和方法，发现和解决学科的问题，对主干学科形成新的认识。	具有至少两种学科能力，其一为主干学科，能够运用另一学科的概念和方法，加强对主干学科的认识。
超学科性（Transdisciplinarity）	个体表现出至少两种学科能力，两种学科不分主次。他们在这两种学科内工作并做出贡献，凭借新兴的超学科视角，形成独特的概念和造物。他们能够和不同学科领域内的人进行一般的交流。	具有理解至少两种学科的能力，两种学科不分主次。形成超方法论的视角，通过学科提炼联系新的问题。
复合学科性（Pluridisciplinarity）	这种解决问题模式综合已有的相关学科，如设计学和工程学。在形形色色的设计中，有些设计领域本身就涉及复合学科性。	能够理解设计学自身一些领域内已有相关学科之间的联系。
元学科性（Metadisciplinarity）	这种模式将历史/理论和实践联系起来，克服专业化倾向；试图建立一个无所不包的框架。该框架与学科性不同，它并不针对单个问题。	能够理解并努力克服学科性，设法构建无所不包的框架，将实践及其历史与新问题联系起来。
另类学科性（Alterdisciplinarity）	数字的全球化和迅猛发展产生了新的联系，这些联系不再局限于系统“内部”，也不能作“跨系统的”度量，“并且不涵盖‘完整’的系统。相反，数字产生了一种‘别的’维度，以至于我们现在可能需要考虑‘另类学科性’”。	理解并能够建立联系，这种联系产生新的方法，以便辨识设计活动和思维中“别的”维度。

（续表）

研究属性	设计师的特征	学科特征
去学科性 (Undisciplinarity)	实现从“以学科为基础”到“以问题或项目为基础”的转变。“去学科性的”研究跨越了不同的学科实践的范围和相互关系。在此，许多学科“致力于一堆杂乱无章的思想和观点。去学科性既是一种工作方式，也是摆脱一种工作方式。”它是一种创造和传播文化的手段，可以按照自己的方式而不必顾虑学科历史所说的“合乎体统”的工作。换言之，它是“去学科性的”。	刻意地模糊差异，并且从“以学科为基础”转向“以问题或项目为基础”；能够将不同学科实践中杂乱无章的观点和方法整合起来，创造新的意想不到的工作方式和新的项目。表现出“凡事皆可”的心态，不受已经确证的理论或既有的工作习惯的约束。

跨学科的概念经历了从多学科到跨学科、从跨学科到交叉学科、从跨学科到超学科的演变过程。上述的首届跨学科问题国际学术研讨会在讨论中将“多学科性”(multidisciplinarity)界定为不同学科的并置，有时它们之间并没有明显的联系，如音乐、数学和历史。Klein 在此基础上将多学科性的概念拓展为“不同的学科并置，主要是扩大了研究范围，增加了研究中的知识、信息与方法，但学科专业之间仍然相互独立，是一种百科全书式而非综合式，其中学科的地位不受影响”（转引自杨小丽、雷庆，2018:56）。多学科性的价值主要在于一种运用多元视角的方法，其意义是在方法层面上的。其优点在于从不同学科的视角去看问题，但其明显的缺陷在于缺乏不同学科视角的整合，因而迫切需要跨学科的方法。从该词的构词法上也能受到一点启发。单一学科解决的是单一学科领域内的学术问题，多学科则是对某一问题进行多学科视角的全方位解读，跨学科重在整合多学科的理论和方法，以便解决问题。

由此可见，无论是单一学科、多学科、跨学科，还是交叉学科和超学科，都旨在解决问题，它们的不同点在于所解决的问题具有不同的内在性学科需求。只有以内在的需求为驱动，才能从本质上避免为所谓的跨学科而跨学科，否则这种跨学科研究是落不了地、

生不了根的，只是人为地制造噱头，短时的夺人眼球罢了。（陈跃红，2019）

在表7.1中，Bremner & Rodgers（2013）区分了crossdisciplinary和interdisciplinary这两个学科特征，我们也因此把它们分别翻译为“交叉学科”和“互动学科”，它们具有以下两个方面的细微区别：（1）从所掌握的学科门数来看，前者主要掌握一门学科，后者至少掌握两门学科，其中一门为主干学科。例如，在21世纪初，不少翻译研究者开始运用社会学中“场域”“惯习”“资本”“幻象”等主要概念来研究翻译中的译者及翻译的社会性问题，这主要是一种交叉学科的方法。（2）从学科运用属性来看，前者意识到该学科与其他学科的差异，主动跟踪其他学科的焦点问题，并将这些学科的一些概念运用到自己所从事的学科之中，是对其他学科的学习和借鉴；后者是为了对主干学科形成新的认知，解决主干学科的问题，而充分学习和应用另一学科的概念和方法。值得注意的是，不只是汉语界对“跨学科”“交叉学科”等术语的使用和理解存在偏差，英语界也是如此。例如，Nimkulrat & Matthews（2017：61）曾在论文中对crossdisciplinary这一术语做了补充说明，认为这一概念是“一个总括性术语，表示涉及一个以上学科的实践，包括涉及‘跨越不同视角、专门知识领域、创新及转型过程’的‘一系列实践，如多学科（multidisciplinary）、互动学科（interdisciplinary）和超学科（transdisciplinary）’”。

此外，超学科又有所不同，它所关注的问题常常是一些与人有关的重大公共性问题，如伦理问题、可持续发展问题等，“因此需要突破学科界限，将学科观点与非学科观点、智力因素与非智力因素整合起来综合考虑”（杨小丽、雷庆，2018：58）。

第六节　设计学术翻译的学科挑战

2011年3月，国务院学位委员会、教育部将原来设于文学门类下的一级学科艺术学升格为设计学门类，成为中国设置的第13个学科门类。“不仅标志着教育界、学术界对于艺术学的学科地位有了新的认识，同时还标志着人们对于设计学的交叉学科属性有了新的认识。”（王续坤，2011：131）设计是将科学和艺术融为一体的创造性活动。设计需要科学的精神、态度、方法和知识，同时设计需要艺术的精神、思维、意蕴和品格。按照物质性程度的差异，设计大体上可以分为四个类别。第一类设计是工程设计，包括机械设计、信息系统设计等，其最终成果多为实体人工制品或工艺流程，这是大家比较熟悉的一种设计类别；第二类是工程-艺术设计，包括景观设计、服装设计等，它们介于工程设计和艺术设计之间，其最终成果既有工程特征，又有较高的艺术要求；第三类是艺术设计，它和美术、音乐等艺术直接相关，具有很高的艺术要求，如工艺美术设计、色彩设计等；第四类是超越传统设计概念之外的所谓“大设计”，即制度规程设计，包括政策设计、社会经济发展规划设计和教育制度设计。显然，设计可谓无所不包，包括服务设计、平面设计、服装设计、产品设计、室内设计、纺织品设计、展览设计、车辆设计、健康设计等不同领域的设计；不仅涉及日常用品，还涉及城市、景观、民族、基因等，因而设计需要关注社会、经济、政治、交通、通信、文化、文明、心理、医疗、科技、身体等。其次，设计的对象领域如此包罗万象，因此需要其他诸多学科的支持，既有工程学、材料学、建筑学、物理学等理工学科，也有人类学、经济学、心理学、民俗学、传播学、社会学、管理学等人文社会科学学科（图 7.1 所示）。

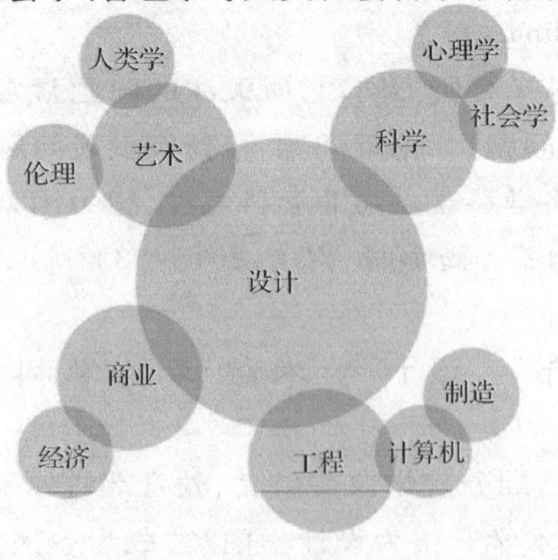

图 7.1　与设计相关的学科（Bremner & Rodgers，2013）

无论是从设计的对象来看，还是从设计学的研究方法来看，设计学都具有复杂的学科性。王续坤(2011)将设计科学学科体系按照研究对象、生成区位等方面的差异，将设计学大致分为6个学科群(图7.2)。

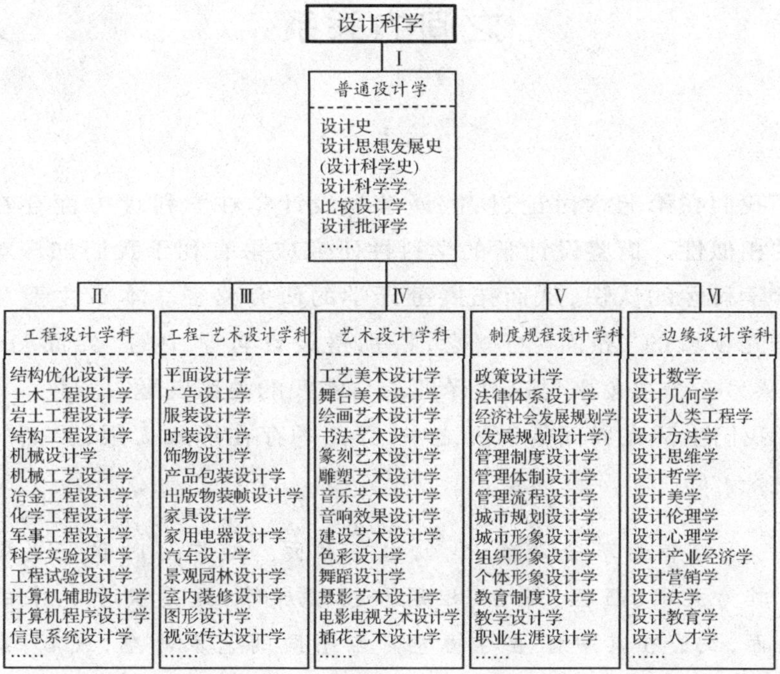

注：以楷体字排印的名称为设计科学的第二级分支学科。

图7.2　设计科学的学科体系

从图7.2可见，设计学的学科体系丰富。我们第一部分研究的语料选择一般不包括最传统的工程设计，即图7.2中的工程设计学科。尽管如此，设计学科仍然纷繁复杂，设计对象包罗万象，研究方法也存在其复杂性，所有这些都对设计学的学术翻译带来了不小的挑战。

第八章　界面:翻译理论与翻译实践之间的关系

我们在第七章讨论过,翻译学和设计学在学科性方面存在很多的相似性。借鉴设计学的学科性研究成果有利于我们加深对翻译学学科性的认识,从而拓展翻译学的研究路径。本章主要从不同研究领域的"界面"的概念,特别是设计哲学中的"界面"的概念,从另一个视角来讨论翻译理论与实践的关系问题。

我们生活在界面的世界之中,界面的存在形式无限,界面的功能复杂。

> 在信息革命之前,我们也有界面。或许那时我们更愿称其为文本、画框、舞台、相册和投影屏等,这是文学艺术的界面,我们在其中体验与物理时空不同的艺术时空;或者,我们也愿意称其为操作台、控制板、驾驶舱或者监控屏等,这是科学技术的界面,我们通过它改造自己身在其中的物理时空。(秦兰珺,2014:96)

"界面"的概念多种多样。例如,界面最初出现在工程技术领域,是指"在相关区域、实体、物质或阶段之间所形成共同界限的面"(刘博、沈菊琴,2012:109)。此外,有关界面的研究本身目前仍存在不少问题。譬如说,在界面管理研究领域,所存在的突出问题之一就是"对界面和界面管理内涵的认识尚不统一,有滥用'界面'和'界面管理'现象"(游达明、王美媛,2014:155)。

第一节　中国外语研究中的“界面”

界面在外语界仍然是一个常常使用的术语，如语法-语用界面（张绍杰，2018）、句法与语义界面（郭纯洁，2018；尹洪山、国辉、杨萍萍，2018）、语义-语用界面（曹笃鑫、向朋友，2017）、翻译学与社会学的界面（刘茜、李清平，2018）、二语习得研究与语言教学的界面（王玲，2017）等。在这些研究中，学者们普遍没有在文中交代“界面”的概念，可见界面似乎已经成为大家所熟知且无争议的概念。

我们不妨回顾一下中国外语界面研究学术研讨会的会议主题情况。2012 年，第一届中国外语界面研究学术研讨会主要议题包括：外语界面研究方法论、语言学与文学的界面研究、语言学各分支学科的界面研究、文学研究的界面问题、外语研究与文化研究的界面问题、英汉语研究的界面问题、翻译研究的界面问题、界面研究与新兴边缘学科。2014 年，第二届中国外语界面研究学术研讨会的主要议题包括：语言学的界面研究、文学研究的界面问题、翻译与界面研究、语言与文化研究的界面问题、界面研究与新兴边缘学科等。在第三届中国外语界面研究学术研讨会暨中国英汉语比较研究会界面研究专业委员会 2016 年年会的报道中，胡安江（2016）指出，与会专家、学者就认知文化与文学的界面研究、认知功能语法的界面问题、翻译与认知的界面问题以及语言、文学的空间认知等问题进行了分组讨论。对于中国外语界的界面研究热潮，潘文国（2012：110—111）曾经做过冷静的思考：

> 界面研究的前提是存在着两个“界”，所谓界面研究是对两个“界”相接的“面”进行研究，而这两个“界”可能本来是独立的、“不搭界”的，是我们的研究把它人为地放在了一起。这就带来了一个问题：这所谓的两个“界”是真的两个“界”？还是只是我们以为它是两个“界”？对此我们必须非常小心，因为界面研究的方法是从西方来的，在西方认为是不同“界”，因而属于界面研究的，在中国、在汉语中不一定是两个“界”……“界面研究”所谓的“面”其实只是个比喻或者形象的说法，实

> 际上并不存在什么光滑溜洁的"平面",说到底,"面"只是研究时的切入点或角度而已。既然只是切入点或角度,就必然带来两个问题。第一,从哪里切入?比如文学与语言学的界面研究中,是从文学角度切入去研究语言学?还是从语言学角度切入去研究文学?角度不同,落脚点和结果必然不同……第二,既然不存在什么光滑的平面,那么切入的角度必然是多方位的和多层次的。因此,界面研究必须接纳和宽容研究的多样性……界面研究从本质上来说是一种换位思考,是在原本认为不相干的事物间寻找其共同性,从而深入对事物的认识。这是一个值得推崇的研究方法。

所谓"界面",也就是英文中的 interface。中国外语界对界面其实存在不同的理解和运用。一是指跨学科研究。例如,刘茜、李清平(2018:47)在《〈寂静的春天〉在中国的译介——兼论翻译学与社会学的界面研究潜势》一文中指出,"本文之所以没有使用社会翻译学或翻译社会学来指代翻译学与社会学的跨学科研究,是因为目前学界对究竟应该使用哪一个名称尚无定论,二者普遍混用是客观事实。"这里的界面的用法在中国外语界比较普遍,他们所说的界面研究实质上是指跨学科研究,而在上文中引用的潘文国(2012)有关"界面"的概念也主要是指跨学科或领域的研究,"如中文与外文、语言与文化、音系与句法等"。二是指各种关系和联系。例如,杨连瑞、戴月、李绍鹏(2013:56)有关界面的概念是这样表述的:

> 何为界面?界面有时被视为不同的表达层次(levels of representation),有时解读为语言模块间的映射关系。最早的界面是 Chomsky(1995)提出的逻辑式(Logical Form)和语音式(Phonetic Form),他在原则与参数理论(Principles and Parameters)中提出"以句法为核心的运算系统与其他领域进行界面运作"。

应该说,这些"界面"的概念与本章所指的"界面"的概念并不完全一致。

第二节　有关翻译理论与实践的关系的争论

有关翻译理论与翻译实践之间的关系的争论一直没有停息过，时至今日，翻译理论与翻译实践之间的关系问题仍然是一个有争议的问题。过去，常常听说研究翻译的不如教翻译的，教翻译的不如做翻译的，这显然是出自翻译实践者之口。我们且不说它对翻译研究的歧视，至少可以说这种说法错误地以为翻译研究、翻译教学和翻译实践是可以独立存在的。如今，形势又发生了天翻地覆的变化——即便是一部厚厚的学术译著，在很多科研业绩评价体系里，它都比不上在 CSSCI 来源期刊上发表的一篇论文。

> 反映比较突出的一个问题，就是在高校现阶段的研究成果评价体系中，翻译成果得不到重视。特别是在教师职称评定中，唯论文和论著是举，翻译成果不被承认，被排斥在成果认定的体系之外。面对这样的成果认定体系和全国高校几乎完全一致的通用做法，外语学科的发展遇到了许多实际的困难，许多长期从事翻译与翻译教学的教师，包括口译教师，纵然有突出的翻译业绩和丰富的翻译教学经验，为培养高水平翻译人才、促进中外文化交流做出了可贵的贡献，其价值也难以得到应有的承认，职称提升遭遇了现存成果认定体系所设置的几乎无法逾越的障碍。（许钧，2017:5）

2003 年，国内学者曾就翻译理论与翻译实践之间的关系问题展开了密集的讨论。一方面，不少学者坚信翻译理论对于翻译实践的意义。例如，黄振定（2003:5）反问："有谁的翻译活动没有任何理论性的指导呢？"居祖纯（2003:2）平实地指出，"如果有人能多次、持续地拿出较好的译作，他一定是有理论指导的，不可能是东碰西撞、盲目随意劳动的产品"林克难（2003:4）。也对反方提出发难，"既然每个人都在翻译实践中遵循某种理论，为什么还有不少人认为翻译是没有理论的呢"？我们从郭建中（2003）可以得到既简单又有力的答案，那就是从事翻译实践的人，往往有重实践、轻理论的倾向。另一方面，一些学者抨击不少翻译理论缺乏实践指向。例如，许渊冲（2003：2）针对没有实践指向的理论毫不隐讳地指出，“文学翻译理论如果没有实践证明，那只是空头理论，根据我60年的经验，我认为空论没有什么价值”。张经浩（2003：6）亦有类似的论述，“实际上，从事翻译实践的人并不一味排斥理论，理论受不受排斥根本问题在于理论本身有无价值”。对此，杨自俭（2003：1）反击道：“凡理论都直接来自实践吗？”王东风（2003）也辩证地提出：翻译理论与实践的关系问题在很多人眼里还是问题，主要是因为理论工具论的原因，即认为理论与实践的关系就是指导与被指导的关系，若不能指导，就不是理论，就是空谈。凡此总总，吕俊（2003）一针见血地指出，针对翻译理论与实践之关系的无休止争论的症结在于我们往往只了解而且片面强调理论对于实践的指导功能。事实上，除此之外，理论还具有认知功能（认识现状的本质性问题）、解释功能（解释已知事物）、预测功能（对未来进行预测）、方法论功能（理论和方法论之间存在密切的关系）和批判功能（批判是理论发生和发展的内动力）。时至今日，翻译理论与实践的关系问题仍然是一个不可忽视的问题。Munday（2016：26）指出，由于翻译在很多院校都隶属于语言学系，有关翻译的教学主要围绕翻译实践，这就人为地割裂了翻译理论与实践的关系。他还痛惜一直存在的学术评价问题，即我们总是误以为翻译学术论文的价值一定会高于翻译实践，哪怕是整部巨著的翻译的价值也得不到应有的学术评价。那么，我们该如何正确地处理翻译理论与实践的关系问题呢？我们想借助于“界面”的概念从另一个视角来讨论这一问题。

第三节　界面管理视域下的翻译理论与实践

如上所述，“界面”的概念是从国外引入的。在国外，有关界面的管理研究始于20世纪60年代，从组织领域、R&D、市场、生产、制造等角度对研究开发组织、创新企业、高新技术企业等进行了广泛的调查研究。国内学者从20世纪90年代中期开始广泛关注界面管理研究，研究领域集中于开发和创新管理领域。在界面管理研究中，界面不仅包括信息、物质、财务等要素，还包括在界面发挥重要作用的规章、制度、机制等管理方式……交互产生界面，而界面的本质就是交互，交互的复杂性成为界面问题复杂性的根源。界面具有以下特征（游达明、王美媛，2014：154）：

- 界面是一种交互现象；
- 界面是一个由不同子系统交互产生的系统；
- 界面承载着不同子系统交互关系中所投入的有形或无形的要素，如信息、资金、物质、能源等；
- 不同子系统的交互体系具有不同的运作规律和属性特征。

从系统的角度看，界面具有以下特征（刘博、沈菊琴，2012：110）：

> 界面存在的客观性。系统本身存在客观的边界，界面也是一种边界，它把系统与它的外部环境既分隔开来又联系起来。无论是系统自身还是系统的外部环境都具有客观性，因而决定了把系统和外部环境分隔开来的界面也具有客观性。此外，由于系统以及环境属性的多样性，使得界面存在有形和无形界面，或者说显性的和隐性的界面。
>
> 界面的可渗透性。如上所述，界面能够将系统与系统、系统与外部环境分隔开来。但是从另一个角度来看，界面又同时将系统与系统、系统与外部环境联系起来，表现出联系的客观性。界面除了存在显性的和隐性的界面之外，在界面上存在着显性或者隐性的间隙，使得不同的系统之间以及系统与其外部环境之间能够相互渗透和交流，表现出以上所说的交互性。
>
> 界面的动态性。交互主体之间关系的变化必然影响界面的性状。从系统论的角度可以发现，系统与外部环境之间不断发生变化，使得系统与系统之间、系统与外部环境之间的界面也具有动态性，也就是说，界面的交互性也具有动态性的特征。

界面的系统性。系统本身和外部环境都具有系统性,决定了联系系统与外部环境以及各自本身的界面同样也具备系统性。

依据界面管理的研究成果,界面具有客观性、交互性、动态性、渗透性、系统性等特征。基于刘博和沈菊琴(2012)界面概念示意图,我们可以将翻译理论与实践的界面进行图示(图8.1)。图中环境是指系统所处的环境,图中的A系统为翻译理论系统,B为翻译实践系统,直线表示界面。A和B的子系统因研究目的和划分标准而异。例如,翻译理论系统可能是语言学研究路径、比较文学研究路径、文化研究路径等各自涵盖的理论子系统 A_1, A_2……A_n;翻译实践系统可能是不同文本类型构成的子系统,如文学翻译、学术翻译、商务应用翻译等构成的系统 B_1, B_2……B_n。

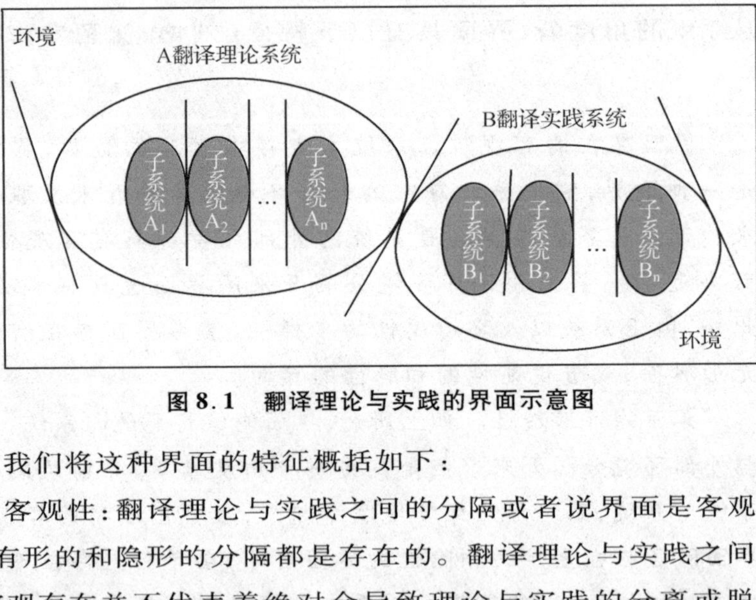

图8.1 翻译理论与实践的界面示意图

我们将这种界面的特征概括如下:

客观性:翻译理论与实践之间的分隔或者说界面是客观存在的,有形的和隐形的分隔都是存在的。翻译理论与实践之间界面的客观存在并不代表着绝对会导致理论与实践的分离或脱节现象。界面管理对翻译理论与实践之间的关系的处理给我们另一个启发就是界面的效应。不同系统之间的边界会产生边界效应,且有正效应和负效应之分。恰当的界面管理才能促进正效应的形成和负效应的消解。

渗透性:翻译理论与实践各自所形成的系统之间界面具有渗透性,因而理论与实践之间可以相互渗透、相互影响。也就是说,翻译理论与实践之间的界面可能会促进理论与实践之间的交流和影响。

动态性：翻译理论与实践之间的界面具有动态性，也可以说它们之间的关系具有动态性，既存在翻译理论影响下的翻译实践，即理论向实践的渗透，也存在在翻译实践基础上所逐步建立的翻译理论，即实践系统向理论的渗透。

以译者序为例，大多数译者序都是翻译实践向翻译理论渗透的有形界面。"从译者序我们可以获得有关翻译方法的大量信息。有时候，译者序的作用只是为了说明复译某部经典作品的原因。"（Munday, 2016：52）由此可见，译者序是翻译实践的沉淀和通往翻译理论的界面，它是翻译方法、翻译动机等要素的概括和提炼。公元3世纪的佛经翻译家支谦的《法句经》就有三百字的序文，据考证，这是我国现存古籍中有关翻译标准的最早论述，"今传胡义，实宜径达"道出了文派（意译）的翻译方法。近代严复借鉴佛经翻译思想，在自己翻译实践的基础上，在其所翻译的《天演论》的译例言中明确地提出了信、达、雅的翻译标准。美国著名翻译家和翻译理论家奈达的对等翻译理论就是在他长期从事圣经翻译实践基础上提出的。德国功能翻译理论中诺德等人的模式都是为译员培训而设计的，体现了从实践到理论再到实践的迭代过程，既反映了界面的渗透性，又反映了界面的动态性。

第四节　设计哲学中的界面对翻译理论与实践的启示

如果说界面管理研究中突出了系统与环境，那么设计哲学中的界面则更加重视人与造物之间的关系。

所谓"界面"，是指人与造物之间交互的媒介，是人、造物/技术和行为/世界之间的联系。这种交互是由使用者通过感知界面或控制界面实现的。Secomandi & Snelders（2013）的界面理论借用海德格尔早期技术哲学的一段著名论述形象性地说明了界面以及"现成在手"状态和"上手"状态这两个概念。

> 一个人拿起一把锤子施行某个行为——譬如说，把一根钉子钉到墙里去。海德格尔发现，在通常情况下，锤子并不能把注意力吸引到它自身上去，而是吸引到通过它所到达的对象身上（本例中，主要是墙里的钉子）。锤子起着工具的作用，是有用的，是“为了”将人让与到世界的另一面。锤子从行为中“退出”，为其用户获得了一种知觉的透明。用海德格尔的话来说，就是“上手”状态。然而，如果锤子发生故障或者不见了，使用者的活动参与就会受到干扰。一旦发生这样的干扰，工具及其指向网络（即工程、材质、钉子）才会受到关注。现在，锤子把注意力吸引到自己身上，但并不是作为有用的物体，而是成了使用者的障碍。锤子成为“现成在手”。（布朗等，2016：64—65）

所谓“上手”状态，是指工具参与到人与世界的交互之中并发挥其功用，而人丝毫未注意到它的存在，只有当工具出现故障或不合用时，使用者才会“意识到”它的存在，并对其加以研究；所谓“现成在手”状态是指通过工具使用揭示工具的“不能作……之用”或“难以作……之用”，即揭示了工具的不合用或不合适之处。（张彬、王大洲，2015）回到翻译理论与实践的关系问题上，如果说理论及方法就是这里的锤子，那么对于许多译者而言，这些理论对于他们来说都处于“上手”状态，是透明的。对于那些质疑翻译理论及方法的作用的人们而言，如果不存在理论或方法的缺失，那么那些理论及方法就成了“现成在手”，由于其未发挥工具性作用，成了他们的障碍，因而得出工具无用论的泛化结论。这里的原因还有两点。一是经过多年的发展，翻译理论已经成了一个庞大的体系，涉及翻译实践、翻译批评、翻译史等，而且在这三方面又存在发展不平衡现象，译者未必了解对自己有用的理论；二者理论如何才能成为自己的工具？理论与人之间是不是也存在着一种“界面”呢？我们认为，界面连接了译者和外部的世界，这种界面创造了理论的工具性，使得理论与使用者相遇，成为行为的环境，使得工具成为“上手”状态。当然，“在郭本斯看来，界面并不完全在工具自身，而是身体、工具和有目的的行为之间的交互”（布朗等，2016：

64—65)。因此,译者或者说理论的使用者的任务就在于有效地组织这些关系或者说这种交互维度,使得翻译行为得以实现。

按照美国哲学家 Ihde(1990)开创的后现象学,上述关系主要表现为四种,即具身关系、诠释关系、它异关系和背景关系,我们可以在不同的关系中管窥到界面所发挥的作用。在具身关系中,界面属于译者具身体验世界的能力范围,这种关系接近于以上所述的海德格尔的"上手"的概念。译者一旦受到适当的训练,他的感知焦点就不在工具上,而在通过这种工具所体验到的世界上,理论的工具性似乎全然同化到人的感官之中。在诠释关系中,译者依赖于自身的理解能力,通过界面解读世界。译者与作者及读者通过界面进入一种虚拟的对话之中,获得一种交谈的体验,而这种体验的结果就是译者所呈现的译文本。在它异关系中,界面相对于使用者表现出一种准它者的属性,这种理论的工具性依赖使用者将它客观地呈现给对方。例如,在翻译培训中,教师需要通过讲解种种具体的翻译案例将翻译技巧和技术呈现给学员,学员则尽力在翻译过程中模仿运用这种翻译技艺,而不至于出现工具"现成在手"的状态。在背景关系中,译者将界面作为翻译行为的背景。在此,界面成为一种在场的缺席,它是译者体验的一部分,但是退居为背景,这和海德格尔的上手状态相似。在这种情形下,界面处于感知背景之中,但是会微妙地影响着使用者的心境和情绪状态。这些关系的形成和转换取决于译者、翻译理论和翻译行为所处的环境状况及其变化情况。由此可见,即便是我们承认翻译理论的工具性,它的作用方式也是动态的,对于翻译理论与实践关系的不同认知和体验就不足为奇了。那么如何实现翻译理论与实践之间的融合呢?

第五节　融汇翻译理论与实践:工作坊

设计工作坊在国际设计界非常盛行,被普遍运用于设计研究、设计实践和设计教学之中,是一种将理论与实践相结合的模式。然而,由于翻译长期处于边缘化状态,加之人们一度错误地认为翻译作为一种创造性过程是无法进行传授的,因此翻译工作坊起步也很晚。1964 年,美国出现了首个翻译工作坊,但是其初衷并不是为了培养翻译人才。Zdanys(1987)认为,翻译是一种主体性活动,翻译只是为了更好地理解文学作品。

在国内,有关翻译工作坊研究的论文始于 2009 年。2010 年,李明、仲伟合在《中国翻译》杂志上发表的论文《翻译工作坊教学探微》迄今它引达到 200 次以上。该文指出,翻译工作坊的教学模式以翻译实践为载体,强调翻译过程导向,以学习者为中心,"注重所选翻译材料的真实性,注重译者专业技能、人际交往技能、翻译能力、译者能力、合作精神、责任意识等培养"(李明、仲伟合,2010:32)。这种模式重视学习的过程性、协作性、互动性和动态性,重视翻译材料的真实性,嵌入能力培养的多元性,得到学界的普遍认同。工作坊不仅应用于本科英语专业和翻译专业的教学,还运用于非英语专业的笔译教学(阮俊斌,2016),并被引入到 MTI 教学中(董洪学、张坤媛,2016)。学界普遍认为翻译工作坊教学法颠覆了传统的以教师为中心、以标准答案为纲评价学生翻译的教学方法。翻译工作坊可以有效地将翻译实践引入课堂,促进合作学习和多元能力的发展。但是,在重视翻译工作坊的过程性和实践性的同时,我们怎样才能最大限度地利用工作坊模式呢?在此,设计工作坊对于翻译工作坊不无启迪和借鉴意义。

目前,比较流行的设计工作坊形式是参与式工作坊,持续时间可长可短,从以小时计到以周计或以月计不等,但它们都有些共同的特点,通常包括几个必备的 5P 元素,即目的(purpose)、产出(product)、参与者(participant)、问题(problems/questions)和过程(process)。工作坊的策划者和组织者总是本着一定的目的和目标,希望在工作坊结束的时候有所产出,这种产出可能是实物或作品,也可以是新的认识、感悟、感觉或心态。工作坊的参与者亦是一个不可忽视的因素,组织者需要考虑他们的年龄结构、学历背景、参与动机、参与意愿程度、总体人数等。把控这些因素可以有效地进行分组,激发参与者之间的交流程度。同时,作为工作坊的组织者需要具有预见性并准备备选方案,预测工作坊过程中可能会出现的问题并规划解决或回避这些问题的方案。值得一提的是，工作坊流程或过程一直是很多人关注的焦点。尽管工作坊的主题和内容不尽相同，流程上也存在差异，但也遵循一些基本的程序规则，如初始的导入让参与者投入工作坊环境之中；工作坊需要具有明确的主题和内容，设计布置适当的环境或场景，使用恰如其分的方式。例如，《设计问题（第二辑）》收入的第一篇文章《协同设计：一个共同探究和构思的过程》在探索和定义问题部分采用了工作坊的形式。项目计划具有明确的目标——使"被时间和空间阻隔的群组之间可以方便有效地沟通交往"及"帮助建立社会关系"，同时具有实现这些目标需要完成的事项（知识的拓展、技术准备和开发等）。在工作坊的不同阶段，组织者设计了不同主题的工作坊，采取了不同的形式。例如，在第三个月的时候开展了"情景工作坊"，通过写小故事的形式，加深参与者对不同情景下的群体的理解。在第十个月的时候举办了"欢聚工作坊"，让参与者以"欢聚"为题，讲出自己的体验，在分享的过程中帮助参与者深刻理解别人的体验。换言之，"这些工作坊凸显了协同设计伦理，帮助项目团队成员表达和分享自己的体验，深刻理解他人及其体验"（布朗等，2016：17—18）。再如，《设计问题：体验与交互》中的《公众科学与开放式设计：基于工作坊研究的新发现》一文认为，"开放式设计、公众科学和数字化制造领域为公众或非专业人员提供了创建个人感测或环境监测设备的新机遇"（布朗等，2017：197）。为此，他们组织了两个工作坊，第一个工作坊探讨个性化需求，其流程见图 8.2。（布朗等，2017：198）

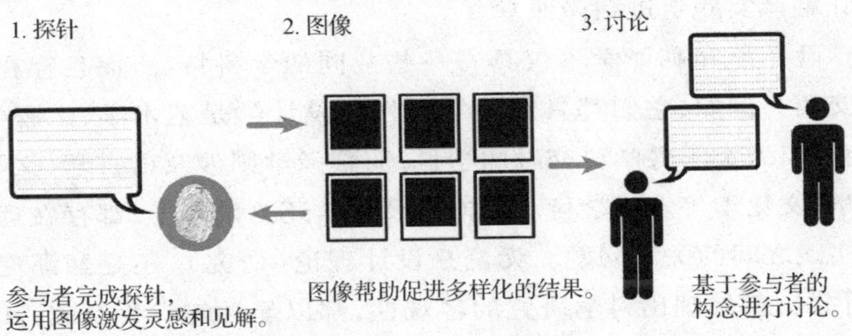

图 8.2　工作坊流程

其中“设计探针”设计了一系列的探针性问题，包括：(1)这种超感官将为你收集哪些信息？(2)这种感知能力能够帮助你从户外环境收集哪些信息？(3)传感器能对你说什么/传达什么？(4)你的传感器能够通过互联网对其他人讲什么？(5)还有什么人会对你的传感器所讲内容感兴趣？这些问题帮助参与者投入到结构化的环境之中，并在工作坊中做出自己的贡献。图片所展示的是种种业余爱好和日常情景，包括常见的户外活动（如钓鱼和爬山），以及大家不太熟悉的活动，如“地理藏宝”等。因为公众科学通常开展户外场所的“环境监测”活动，所以这些业余爱好图像都指向“户外活动”，这些展示能够激发参与者的思维，让参与者一边工作、一边讨论，在休闲的同时，为第三方的数据采集做出贡献。（布朗等，2017：198—201）此外，在工作坊的流程结束以后，我们还有必要邀请参与者分享自己参与工作坊流程的感受和收获，这种分享会给工作坊带来额外的价值。

我们不难发现，设计工作坊的5P元素（即目的、产出、参与者、问题和过程设计）对翻译工作坊具有重大的启迪，体现以学生为中心，培养学生的团队协作精神只是一种理念，所使用翻译材料的真实性也只是工作坊流程中的一个必备元素，而翻译工作坊的设计首先服从于我们的教学理念、目的和目标，以及我们希望学生所实现的产出和收获，有明确的结果导向，然后才是具体的流程设计，而不是片面地强调流程的设计。翻译工作坊的方法使得翻译理论和实践交汇在一起，使得隐性知识和显性知识交互作用，而不仅仅是让翻译实践走进翻译课堂。

设计学和翻译学不仅具有一些共同的学科特征，而且存在一些交集。例如，它们都具有多学科性。设计学是艺术学、工程学、社会学、人类学等学科交融的学科，而翻译学则涉及语言学、文学、哲学、文化学等多门学科。无论是设计学还是翻译学，都存在理论与实践之间的关系问题。无论是设计理论（研究），还是翻译理论（研究），都体现出科学研究的客观性，都以显性知识为基础，其最终结果是向特定的范式收敛；无论是设计活动还是翻译实践，都既依赖于行业规范、客户要求等外在因素，又表现出设计师或译者的主观性，隐性知识在此发挥着重要作用，其最终结果是向不同情形下的范式应用收敛。我们既不能把理论和实践对立起来，也不能把它们割离开来。本章运用设计学中的界面理论和工作坊实践反思了翻译理论与实践的关系问题，希望给译界以启迪。

第九章　隐性知识:翻译中的“匠艺”

2014年12月29日,《中国经济周刊》上刊登了一篇题为《中国“高铁出海”第一道门槛未跨过,难获全球认可》的报道,文中指出,“一个既懂技术又能用英语顺畅交流的人才就是最大的宝贝”(曹昌、李永华,2014)。他们对把高铁的“雨刮器”翻译为“拖把”颇感震惊。

译者应该具备什么样的素养,特别是应该具有什么知识储备?这些知识在翻译过程中又是如何作用的?这些并非老生常谈。对于翻译所涉及的知识,我们至少可以从两个纬度来分析:一是文本自身所明示和隐含的知识,二是译者所具备的知识。国际翻译工作者联合会的宪章明确指出,翻译工作者应通晓原文语言,而且更重要的是要精通译入语言(这对国内很多从事汉译英的翻译工作者来说乃是实实在在的挑战)。此外,翻译工作者还应具有广博的知识,充分了解所译对象,不承担自己不熟悉的专业领域的翻译工作。可以说,古往今来,无论是翻译理论家还是翻译实践家,都认同翻译工作者必须具有充足的知识储备。我们不妨先看看中国隋代的彦琮、英国工业革命时期的亚历山大·弗雷泽·泰特勒和现当代美国的尤金·A.奈达。不过,这些知识储备都属于显性知识要求。

第一节　专业(显性)知识储备

一、彦琮:精通翻译对象(佛法)

隋代高僧彦琮(557—610)是我国佛经翻译史上的著名翻译家,先后在长安和洛阳主持佛经翻译工作,一生翻译了经书22部,达万卷之多,而且每部译著前面都有译者序。彦琮自幼聪慧,学识渊博,精通佛、道、儒三教。他在多年的翻译经验基础上,于《辩证论》中提出了“十条八备”,即从事佛经翻译人员必须具备八项条件。(马祖毅,1998:54)

诚心爱法,志愿益人,不殚久时,其备一也。(翻译人员必须诚心热爱佛法,立志帮助别人,不怕费时长久。)

将践觉场,先牢戒足,不染讥恶,其备二也。(翻译人员必须品行端正,忠实可信,不惹旁人讥疑。)

诠晓三藏,义贯两乘,不苦暗滞,其备三也。(翻译人员必须博览佛教经典,通达大小乘经论的义旨,不存在暗昧疑难的问题。)

旁涉坟史,工缀典词,不过鲁拙,其备四也。(翻译人员必须除精通佛法以外,还要涉猎中国经史,兼擅文学,不要过于疏拙。)

襟抱平恕,器量虚融,不好专执,其备五也。(翻译人员必须度量宽和,虚心求益,不可武断固执。)

耽于道术,淡于名利,不欲官衔,其备六也。(翻译人员必须爱道术,淡于名利,不想出风头。)

要识梵言。乃闲正译,不坠彼学,其备七也。(翻译人员必须精通梵文,熟悉正确的翻译方法,不失梵文所载的义理。)

薄阅苍雅,粗谙篆隶,不昧此文,其备八也。(翻译人员必须兼通中国训诂之学,不使译本文字欠准确。)

第三条明确地要求翻译人员必须精通佛学,第四条要求翻译人员了解中国经史,第八条要求翻译人员了解中国文字学,这些都是翻译对翻译主体的知识储备要求。当然除此之外,彦琮法师还提出了翻译对译者的道德操守的要求,这在当下仍不过时,而且弥足珍贵。尽管彦琮法师是针对佛经翻译而对译者所提出的要求,这对学术翻译亦具有指导意义。

二、泰特勒:熟悉翻译题材

亚历山大·弗雷泽·泰特勒是18世纪末翻译界最具影响力的人物,他在1791年《论翻译的原则》(“Essay on the Principles of Translation”)一文中提出了优秀翻译(good translation)必须遵循的三条法则，同时提出了遵循每一条法则对译者自身的要求。

应该说，一提起泰特勒，大家马上想到的就是他所提出的三条翻译标准，对每条法则项下的要求则较少提及。泰特勒所罗列的三条法则是按照重要性顺序排列的，第一条是最重要的，但相对而言却是比较容易做到的，第三条的重要性不及第一条和第二条，是最难做到的。

（1）译文应完全传达原文的思想。这也是所谓的忠实原则，即忠实于原文的思想、原文的内容。因此，译者除了必须精通原文以外，还必须充分了解翻译的题材。

（2）译文的风格和笔调应与原文特点相同。因此，译者首先必须能够甄别原文风格所具有的"真正的特点"，同时具备能够用目标语再现原作风格的能力及"恰当的品位"。

（3）译文应像原创作品一样流畅。因此，译者必须避免一板一眼地去模仿原文，必须抓住原作者的灵魂，抓住原作的精髓，然后用自己的语言把它表达出来。

作为翻译家，泰特勒翻译了富有深刻思想内涵的意大利学者、诗圣和素有人文主义之父之称的弗兰齐斯科·彼特拉克（Francesco Petrarca）的作品，以及德国诗人、哲学家、历史学家、剧作家弗里德里·希席勒（Friedrich Schiller）的作品。此外，泰特勒所处的18世纪正是英国的大机器生产逐渐取代传统工厂手工业的时代。1765年，哈格里夫斯发明了"珍妮纺织机"；1785年，瓦特改良的蒸汽机为工业生产和运输提供了更加便利的动力，促进了工业生产中的机器的普及和运用，人类进入了蒸汽时代。在第一条中，泰特勒除了强调译者必须具有精通原文的语言能力之外，还强调译者必须了解所翻译的内容。这是泰特勒有别于先前的德莱顿（Dryden）等其他译家的观点之一。他的翻译思想也体现了他所处的那个时代的美学思想、系统研究和科技发展的脉搏。

三、奈达：专攻一到两个专业领域

中国彦琮生活距今1500多年，英国的泰特勒距离我们也有200多年，作为翻译家，他们都提出了必须了解我们所翻译的内容或题材。当代美国的语言学家、翻译家、翻译理论家尤金·A.奈达又如何呢？

一名合格的翻译应该具有双语能力，即精通源语言和目的语语言，这一点是每一位翻译家都认同的观点。但是，只具有双语能力，那还是不够的，如果不了解源语和目的语所涉及的两种文化，那么译者就无法透过字里行间理解其间的隐含意义，也就无法判断哪些在目的语文本中可以或者必须以隐含的方式进行传递。在通晓两种语言和两种文化的基础上，作为称职的译者还必须掌握一个或多个领域的专业知识，即充分理解所翻译文本的内容，如人工智能、国际法、医药、会计等。只有在掌握了语言、文化和专业知识的基础上，一名译者才能依靠他出色的写作能力和必要的翻译技能，坚持长期的翻译实践，逐步形成自己的翻译习惯和翻译风格。

第二节 隐性知识与显性知识

一、隐性知识的基本属性

早在1958年，迈克尔·波兰尼(Michael Polanyi)就提出了“隐性知识”的概念。例如，在我们掌握某一个技能的时候，我们往往并不能明确地说出所涉及的知识的内涵。就像我们在翻译考试中，要求对自己翻译过程中所采用的翻译技巧进行界定，却很少有人能够精确地表达出来。波兰尼指出，即便我们知道如何骑车或者如何游泳，但这并不意味着我能够清清楚楚地告诉别人我们是如何在自行车上保持平衡，或者在游泳的时候是如何做到浮在水面不沉下去的。我们可能根本就不知道我们是如何做到这一点的，或者一点也没有觉察到自己的方法有什么不对，但还是开开心心地骑呀、游呀。这就是说，即使在骑车或游泳之前，我们的大脑中没有骑车或者游泳的程序性知识，但实际上我们也能够骑车或者游泳。换言之，我们既说不清如何骑车或游泳，也说不清骑车或游泳的时候该如何协调全身肌肉的复杂性运动，但既知道整体上怎么骑车或游泳，也知道如何完成骑车或游泳的一些基本动作。

波兰尼进而指出，人类知识具有两种不同的形态，即显性知识和隐性知识。显性知识形态是通常被描述为知识的知识，指可以用一定的符码系统进行描述的知识，包括以书面文字、图表和数学公式加以表述的知识；隐性知识不同于显性知识，是指未被表述的知识，是指我们知道但又很难用书面文字、图表或公式加以描述的知识。我们能从成千上万的人群中认出某一张脸，我们往往还能够感知到对方的心情和心境，我们却很难用语言文字将这种心情和心境加以描述，也就是我们常常所说的溢于言表。波兰尼(1966)指出，相对于显性知识，隐性知识可谓是知识的最高形态，往往具有一种科学或艺术特质，同时存在于专家诊疗艺术、审美角度的或技术角度的表演技能之中。波兰尼用骑车或游泳这样非常平常的范例告诉我们：首先，隐性知识是非理性的，往往是通过人们身体的感官或者直觉、领悟获得的，而不是经过逻辑推理获得的。骑车时保持平衡蕴含着隐性知识：骑车时，为了补偿失衡角(α)，我们必须在失衡处做弧线运动，其半径 r 必须由运动速度 v 的平方除以 α(即 $r \sim v^2/\alpha$)得出。经过理性的推导，我们得到了这一显性知识。但是即便我们时时刻刻熟记这一公式，我们也未必能够保持平衡。这一公式的理性推导并不能实现我们所期待的平衡结果。在翻译过程中，有很多翻译情形都是译者很难解释清楚的，译者依靠的是自己的翻译直觉。例如，翻译研究的语文式学派“认为翻译同文艺创作一样，是靠天资与禀赋的，好的翻译来自译者的灵感与悟性”(吕俊、侯向群，2006：57)。

其次，骑车的案例还告诉我们，隐性知识具有情境性和实践指向。隐性知识总是与特定的情境密切相关，存在于特定的情境之中。隐性知识隐匿于骑车行动过程本身，如果我们不能意会这种隐性知识，那么显性化地保持平衡公式知识也无济于事，仅仅借助熟记平衡公式，是无法实现骑车时的平衡的。

> 波兰尼提出的隐性知识，无论其最终意图是什么，但从一个角度表明了，对隐性知识进行感知和解释需要始终根植于实践、回到实践行动的情境，这也决定了隐性知识的实践朝向。(郑作龙等，2013：1455)

再者，隐性知识所反映的是把握特定任务和情境的整体性，它往往显得没有逻辑结构，但其自身也是统一的整体，不可分割，而且对个体在环境中的行为起着主要的决定作用。

二、隐性知识的多个维度

波兰尼有关显性知识和隐性知识的划分的基础是知识能否形式化，但是两者之间并没有明确的界限，而且即便隐性知识能形式化，也需要意会和习得。所以，英文的 tacit knowledge 在汉语中有几种不同的翻译，反映了这一术语的不同侧面的特点，如“隐性知识”突出了与显性的对立；“默会知识”“意会知识”突出了意会或者说悟性在这种知识习得中的重要性，因此这些翻译都有其存在的道理。

20 世纪 90 年代，日本知识管理学者野中郁次郎和竹内弘高出版了《创造知识的公司：日本公司如何创造创新的动力》，基于对企业知识创新的管理和研究，他们将隐性知识进一步划分为“技能”和“认知”两个维度。宋乐平（2018）在此基础上从区域创新的图书馆隐性知识管理的角度将隐性知识划分为技能类隐性知识、认知类隐性知识和环境类隐性知识三类。

> 一是技能类隐性知识。主要指个体或组织在长期工作实践中所积累的工作经验、技术诀窍、组织运作惯例、管理制度与理念等。此类隐性知识可用言语明确表述，也易于传播和交流。
>
> 二是认知类隐性知识。主要指个体或组织与生俱来的天分，以及在长期工作实践中所积淀的业务洞察力、思维模式、心智模式、组织文化、工作氛围、团队协作默契度等。此类隐性知识内化于人们的头脑之中或渗透于组织的各个环节，难以用言语描摹，主要通过个人的言谈举止或组织的具体工作过程来体现。
>
> 三是环境类隐性知识。主要指对区域创新产生影响的各类外围隐性知识，包括：国家、区域创新政策隐含的创新机遇，政府行为在创新活动中的指导与协调作用，行业内大数据汇

聚带来的创新发现。这类隐性知识需对周围创新环境进行全方位扫描和深度解析方可获得。(宋乐平,2018:64—65)

当然,这种分类的出发点是从区域创新的角度研究隐性知识的管理,所以第三种隐性知识(即环境类隐性知识)才显得特别有意义。这里的环境主要是指创新环境,对于重点不在创新的隐性知识管理而言,并不是特别相关。但是,对于第一类技能类隐性知识和第二类认知类隐性知识的划分却具有普遍意义。尽管两者的划分基础是知识是否可以用言语明确表述出来,但是进一步区分了这些隐性知识的形式和来源。技能类隐性知识主要来源于工作实践,认知类隐性知识主要来源于个人的天赋。技能类隐性知识主要表现为工作经验、技术缺窍,它们是易于传播的;认知类隐性知识具有具身性和内隐性,因而难以用言语来描述并将其形式化。但是,并不是说这种隐性知识完全不能传递,只是它们难以被复制模仿,需要通过特殊的形式传递而已,如我们常说的"师徒式"传递。

基于这样的划分,如果我们反观一下翻译过程,我们会很容易地发现,翻译既有形式化的各种翻译技巧和理论,有译者或翻译机构在长期的翻译实践中所形成的翻译经验,还有译者个人具有的很难用语言形式化的翻译天分或天赋。因此,对翻译过程中的隐性知识进行研究,具有特别重要的意义。下面,我们首先看看设计学中的隐性知识对翻译中的隐性知识研究的借鉴意义。

第三节 隐性知识、匠艺与传承

一、关于匠艺

在距今七八千年前的原始社会末期,人类社会出现了第二次社会大分工,手工业从农业中分离出来,出现了专门从事手工业生产的工匠,也就是具有一技之长的匠人。我们身边曾经有着各种各样的匠人,如木匠、泥瓦匠、漆匠、花匠、铁匠、雕匠、织布匠、篾匠、扎库匠、杀猪匠。在 20 世纪 80 年代以前,大家对各种匠人都有几分尊敬之感,因为他们掌握了一般人所不具备的技术,有一技之长，凭借自己的手艺能够养家糊口。此外，教师也往往自谦自己是教书匠，翻译家自谦自己是翻译匠。例如，《红与黑》的译者郝运一辈子翻译了60多部书，直到晚年他仍然认为自己配不上“翻译家”这个称谓，自谦自己只是个翻译匠而已。

与匠人关联在一起的往往是匠艺（artisanship）和师徒关系，即所谓拜师学艺，这其中的核心就是匠艺。即便到了21世纪，工匠丝毫也不过时。在中国实施2025计划的进程中，我们就非常重视工匠精神。国务院总理李克强2016年3月5日做政府工作报告中指出，“鼓励企业开展个性化定制、柔性化生产，培育精益求精的工匠精神，增品种、提品质、创品牌”。有关工匠精神的内涵，国内曾经有过轰轰烈烈的讨论，中央电视台也制作了八集系列电视节目《大国工匠》，介绍了他们用自己灵巧的双手追求职业技能的完美和极致、以匠心构筑梦想的动人故事，如传承宣纸绝活的周东红、焊接外观完美无缺的张冬伟、精密度达到“丝”级的顾秋亮。他们的技艺达到了登峰造极、令人叹为观止的境界。他们所折射出来的工匠精神的基本要素是“精”于某个技术或技艺，工匠精神就是追求精益求精，是孜孜不倦、勤勤恳恳、脚踏实地追求卓越的态度和品质。

Sennett（2008）对匠艺的社会意义进行了反思。他认为，所谓匠艺就是一心一意想把工作做好，这种欲望显得非常纯朴，而且这种定义比“熟练的手工劳动”具有更广的内涵。例如，计算机程序员废寝忘食地改善软件的源代码，不仅是为了实际的软件产品，而且是为了实现他对所从事工作的美学追求。关注细节、热爱细节是当代设计的关键要素之一。中国的工匠们无不体现出不放过每一个细节的完美主义精神。苹果的史蒂夫·乔布斯（Steve Jobs）在创造苹果智能手机、平板电脑等世界最畅销产品过程中的设计和创新方法也充满了对细节的关注和追求，他是典型的完美主义者。迈克尔·格拉德威尔（Michael Gladwell）把乔布斯界定为巧匠，就像理查德·罗伯茨（Richard Roberts）是“精细加工大师——巧匠之王”。一直到新产品发布前的数小时，乔布斯还会不断地进行原型生产和产品评审。他对细节的痴迷渗透到了最终消费者看不见的产品内部的元器件。乔布斯要求苹果的工程师不仅要生产出技术上完好可靠的产品，而且要做到设计精美，即便是对于数字设备主板上的微处理器的处置也是如此。即便是看不见、摸不着的抽屉的背面也要做得完美无缺，不留遗憾。

二、工匠与设计师

众所周知，意大利是一个设计大国，成功的设计离不开设计师的创意和工匠的匠艺。“意大利设计成功的主要原因在于设计师的创造力和工匠专门诀窍的原创性组合。两者的贡献都是自身创造力和知识的体现，尽管它们属于不同的认知领域。”（布朗等，2017:4）在意大利米兰，乔凡尼·萨基（Giovanni Sacchi）是一位工匠，最初他只不过是一个专业铸模工，在钢铁行业工作了多年时间。第二次世界大战以后，他在米兰开了一家加工间，主要从事开模，特别是木模。萨基的加工间如今已经成了一家博物馆。

> 博物馆提供的访谈视频和文档都表明，由于工匠综合掌握了多种不同形式的知识，能够作出原创性的贡献，因而在最终产品成型方面发挥了积极的作用。他的材料知识渊博，能够预测与扩大生产规模有关的技术问题，能够理解消费者的行为，执着追求细节，所有这些都是人们在杰出的工匠身上所发现和赏识的普遍特征。（布朗等，2017:4）

他的加工间在当时是知名设计师经常造访的地方，设计师和萨基之间的合作非常密切，共同开发了很多项目。他能够亲自动手，将设计师的创意灵感物质化为三维原型。这种转换中融入了萨基丰富的隐性知识，即对材料和工艺的透彻理解。他不只是简单地执行设计师的要求，不是简单地按照外部的指令去制造这样或那样的东西，而是深入理解设计师设计创意的精髓，并且利用他的隐性知识和实际经验进一步完善这些设计。

当然，在 Bettiol & Micelli（2014）看来，意大利的设计和匠艺之间的关系经历了三个阶段的演变。20 世纪 70 年代初期是新兴阶段，这一阶段最常见的关系形式是工匠与设计师之间的完美组合。

工匠富有企业家精神，经营着小型企业，设计师们天资聪颖，富有创意。工匠们能够将设计师的初步设计转化为适销对路的产品。1995 年以后，随着产品大规模生产的时代的到来，工匠们仍然能够解决个性化的需求与产业化规模生产之间的矛盾。如今，新生代的设计师更加关注消费者对于产品意义的追求，将故事和产品品牌形象识别作为设计的重要组成部分，从而给新产品带来新的附加值，而匠艺就是产品的附加值得以实现的元素。

三、匠艺的传承

匠艺中富含隐性知识，而隐性知识又都是悄无声息的。那么，匠艺是如何传承的呢？我们看看大国工匠周东红。周东红得益于师承当时厂里捞纸最好的师父沈结明。在此之前，他已经基本掌握了抬帘的技巧，拜师以后开始学习掌帘。掌帘需要精准把握每捞一张纸后纸槽中纸浆浓度的变化，靠掌帘带动抬帘，细微的调整捞纸姿势使得每张纸的厚度保持不变。周东红两年掌握了掌帘技术，这其中固然离不开他的刻苦钻研，但是绝对离不开师父的关键点拨，也就是师父的匠艺和隐性知识的传承。修心在个人中的悟性和兢兢业业的努力使得周东红的捞纸技术日益提高，正品率达 99.9%。他的捞纸技巧就是“一帘水靠身，二帘水破心”，这听起来既形象又抽象，成了新的隐性知识和技术诀窍，这种匠艺又将传承给他的几十个徒弟。

“‘产业氛围’一直被用来解释隐性知识在中小企业之间的扩散和传播。”(Bettiol & Micelli，2014：7)在意大利，匠艺传承的一个重要因素就是“产业氛围”，纺织、时装、机械、家具等传统产业都将企业组织成工业园区，这种特有的组织方式为知识的传播提供了地理上的便利，为隐性知识的传播提供了有利条件。Bettiol & Micelli(2014：7)认为，“身临其境”，或者说位于产业集群或工业园区内“并非吸收运用隐性知识的充分条件，却是必要条件”。通俗地讲，对于匠艺而言，尽管面对面地交流往往只能了解到其中的皮毛，炉火纯青、登峰造极的匠艺谈起来或许简单，但是需要经过长期的耳濡目染和熏陶，于无声中悟出其中的奥秘和精髓。

第四节 隐性知识与显性知识的转化与转移

其实，除了匠艺以外，中医知识也具有很强的意会性，因而具有隐性知识的属性，对我们认识隐性知识与显性知识的转化与转移具有重大的借鉴意义。中医隐性知识可以概述如下：

> 中医隐性知识是中医学家在临床实践过程中长期积累而形成的、为个体所拥有的、难以通过语言文字表述以及传授的知识和体验，主要包括理论认知方面的中医隐性知识（即中医经典中所包含的知识）以及技术操作方面的中医隐性知识（即中医医生在临床实践中所运用到的、难以用言语表述出来的知识）。在临床教学实践中，我们所分析的中医隐性知识更多的是医家个体临床实践中所形成的隐性知识。（曾智、申俊龙，2014：267—268）

作为我国的瑰宝，中医的传承显得尤为重要。一般认为，西医所呈现的大多是规范性知识，而中医所呈现的则是个体的内在性知识，需要学习者去心领神会。中医隐性知识的传承一般具有以下三种模式：传统师承传承转移模式、“现代院校培养+导师制”培养模式和国家“名医传承工作室”隐性知识传承模式。（曾智、申俊龙，2018）

无论是传统的师父，还是现代的导师，都是隐性知识的主体。隐性知识的传承既要考虑隐性知识自身的性质，又要考虑接受者的特点，从而采用适宜的传承模式，发挥知识传承效应的最大化。对于翻译而言，原作是作者的终极设计，对于译者而言它只是一份初步设计，要靠译者的匠艺把它转化为适合读者的新的设计。匠艺不仅是转化过程中的基本技巧，更是译者在翻译过程中吃透原作的悟性，在翻译过程中进行再创作的灵性和天赋，译者的匠艺能够给原作带来附加值和灵魂。对于译者而言，它可以依赖翻译教材、专著、论文等所阐述和表示的显性知识，但是我们不能低估或忽视隐性知识在翻译过程中所发挥的作用。

如上所述,隐性知识是难以言说的知识,而隐性知识的传承必然涉及隐性知识的主体和隐性知识的接受者。野中郁次郎(转引自吴庆海,2017)提出了隐性知识转移与转化的四种模式,即社会化、外在化、组合化和内隐化。

所谓社会化模式,是指通过共享的经验获得隐性知识。人与人在正式或非正式的社会活动(如师父带徒弟、导师带学生、与优秀的人共事等)中相互交流和交往,相互观察、模仿和实践,在潜移默化的过程中发生了隐性知识在不同主体之间的转移。认知类隐性知识主要通过这种模式发生转移。如上所述,在中医的隐性知识传播中,在手工艺匠艺的传播中,常见的师徒形式实现了这种隐性知识的转移。就翻译中的隐性知识的转移而言,除了导师带学生的模式外,还有通过微信等网络工具建立翻译兴趣小组的模式。

第二种模式是外在化,指隐性知识外化为别人可以理解的、透明的、可以共享的显性知识。一般而言,我们可以通过一些方法(如口语分析、写作、图解思维、隐喻、类比、深度交谈与倾听等)促使隐性知识的主体将隐性知识显性化为语言或图形的显性知识。只有隐性知识按照一定的方式在团体成员之间共享、转移、转化为显性知识时,才会催生知识创新和高速增长。隐性知识向显性知识的转化是知识创新和传承的重要一环。例如,有关翻译的本质问题,很多经验丰富的翻译家都利用隐喻或者说比喻将有关翻译本质的隐性知识外化为显性知识。谭载喜(2006:73)曾经将迄今发现的中西有关翻译的270个比喻分类梳理为10类,认为我们可以“透过翻译比喻的表象,领悟翻译的本质意义”。

但是,在隐性知识的外在化或者说显性化的过程中,我们又要克服将隐性知识过度显性化的趋势。

> 即不论什么知识,不分场合和对象都盲目地显性化。隐性知识的过度显性化存在一些弊端,如忽视了学生个体的独特性,助长了教师的权威地位和增加了学生对教师的依赖性等。为了克服这些弊端,在知识的数量和类型上坚持适度原则,在知识的获得途径上做到理论与情境相结合,在教学观上秉承“不愤不启,不悱不发”。(程龙,2015:31)

第三种模式是组合化。组合是指对个体的零碎的显性知识进行整合，融合到更复杂、更系统的显性知识体系中，使这种显性知识系统化和专业化，以利于更多人共享这种显性知识。

第四种模式是内隐化，是将组合化的显性知识形象化和具体化，使得显性知识转化为隐性知识。这种转化模式往往依赖培训、个人体验、模拟和试验，能够实现显性知识内化为隐性知识，从而成为个体宝贵的财富。这一模式在翻译教学中发挥着举足轻重的作用。

第五节　案例分析："忠实于形式与内容"隐性知识的显性化

一、关于形式与内容显性化的知识

如上所述，隐性知识显性化常常依赖各种各样的比喻将抽象的难以言说的知识呈现出来。绘画雕刻类翻译比喻一共有 45 个，其中中文 21 个、英文 24 个。"傅雷的神似说"就是绘画雕刻类的比喻之一。尽管这些比喻无法准确地将相关隐性知识显性化，却能形象地说明相关知识的某一个侧面。傅雷的比喻回答了翻译中的形与神的关系问题。他认为，翻译是艺术，它不但有美妙的形态而且还有神韵，就翻译的效果而言，翻译犹如临画，我们在翻译过程中重在追求译作与原作的神似而非形似，即要做到传神达意。在翻译过程中，如果我们单凭字典，按照原文去拼凑堆砌译文，那么我们似乎保留了原文的形，却很难传递原文的神。但是，傅雷在强调翻译效果的神似的同时，又不忽略形的重要性，认为形神可以做到和谐统一，因为形是神之所依，在保留原作的神韵的同时，译文仍然可以不失目标语的流利通顺。所谓"神"，指的是客观事物的内在本质和精神面貌；所谓"神似"，就是高度概括客观事物的内在本质，深刻揭示出事物的精神面貌。郑振铎也有类似的说法，尽管译者所用的不是与原作一样的颜料，但是他的画图仍然必须与原作具有同样的力量与效果。

翻译中的形神问题,或者说形式和内容的问题,看似简单,实质上是一个非常复杂的问题。首先,何谓形?何谓神?这是难以说清的问题。所以才有这样那样的比喻,想方设法地把它厘清。傅雷所说的“神”,我们一般把它翻译为英文的 spirit,这个词在中西方翻译理论中都是一个争论的焦点。路易斯·凯利(Louis Kelly)在研究西方翻译理论史的时候指出,spirit, fidelity, truth 这三个词一直是西方翻译理论争论的焦点,它们之间一直都存在着错综复杂的关系。贺拉斯等最初都非常排斥 fidelity(忠实)的概念,认为那无异于直译或者说字对字的翻译。直到 17 世纪末,人们才普遍认为 fidelity 就是忠实于原文的意义而不是忠实于原文的文字。而对于 spirit 一词,一般认为它有两个不同的含义:一是拉丁文的 spiritus,是一个文学术语,表示创造力或灵感;二是指 Holy Spirit,即“圣灵”或者说“神灵”,奥古斯汀(354—430)对于 spirit 一词的用法就属于这一宗教含义。但是,哲罗姆(347—420)对于 spirit 一词的用法却包含了这两层含义。truth 一词又往往和 spirit 一词交织在一起,具有“内容”的意思。哲罗姆所说的 truth 是指,他在把圣经翻译成拉丁通俗版本《武加大译本》的时候,他回归到了希伯来文圣经《旧约》原文,而不是当时基督教徒们已经普遍接受的圣经的希腊文版本《七十子希腊译本》,而且他还对比了希伯来文版本和希腊文版本中的不同之处。直到 12 世纪,truth 一词才完全等同于 content(内容)一词。(Munday,2016)

然而,“形”到底是指什么呢?在设计学中,形式与功能(内容)之间的关系问题一直亦是争论的焦点。路易斯·沙利文(1896)对此做出了具有重大影响的论述——形式追随功能(Form follows function)。然而,Crabbe(2013:5)认为,沙利文的观点实质上造成了类似于“鸡生蛋还是蛋生鸡”那样的二难推理,即“设计过程是否只有一种因果关系:选择一种新的预期功能 → 找到实现这一功能的形式,从而排除了以下相反方向的因果关系:选择一种既有的形式 → 然后找到这一形式可以实现的新功能”。一般认为,沙利文只看到了形式的物理功能,没有认识到很多造物都是有形功能和无形功能的复合体。Crabbe 以“权杖”为例,形象地说明了这一问题。

> 过去，在英国全世界的附属领地，政府议会一直延续了以炫示剑和权杖的形式开幕及闭幕……这两种兵器的仪式版已经从冷酷的钢制武器演变为装饰性的标记；尤其是狼牙棒，通常已由银匠用贵重材料制成，而不是由铁匠用铁锻造。权杖已经演变为地方议会所拥有的繁荣和声望的奢华符号，而议会的合法性归于不在场的权威。装饰性的权杖，连同它的十字架、宝球和王冠，更清晰地象征了一个帝王在精神世界和现实世界的权威。（Crabbe，2013：11 – 12）

"权杖"这一形式本身传达了它具有象征性精神和权威的无形功能。我们所翻译的对象亦是作者精心设计的作品，他所设计的形式同样也是有形功能和无形功能的复合体。所以，这里的本质问题首先是何谓形式的问题。一般而言，翻译中所涉及的原作和译作的形式并没有设计中的有形造物（无形设计对象除外）那么易于抓取。

奈达（1964）在讨论形式对等的时候指出，所谓形式对等就是译者把注意力放在由原文形式和内容所承载的讯息上。可见，形式和内容都承载着讯息，而且奈达所谓的形式对等主要是指忠实于原文的讯息，这种讯息既包括原文形式所承载的讯息，也包括内容所承载的讯息，而并非单纯的形式。简而言之，形式对等是以原文的结构为参照，译者在翻译转换的过程中首先需要对原文的结构进行分析，把它转化为相应的核心句型，然后再把源语中的核心句型转化为目标语中的核心句型，最后再按照语义和风格要求将该核心句型重组为目标语的表层结构。我们可以通过校验译文与原文表层结构，发现译文相对于原文的对等程度。Nida & Taber（1969：39）认为，一般而言，一种语言的核心句型的数量介于 6 至 12 之间，英语具有以下 7 个核心句型。

John ran quickly.

John hit Bill.

John gave Bill a ball.

John is in the house.

John is sick.

John is a boy.

John is my father.

译文语言必须尽可能地接近源语中的不同成分，贴近原文的结构，因而译者往往会把焦点放在讯息的形式上，特别是形式的风格特征上，从而机械地再现原文的形式特征（Nida & Taber, 1969：1），歪曲目标语的语法和风格特征。这种翻译的结果往往是歪曲了原文所承载的讯息，使得目标语读者容易对原文的讯息产生误解，或者需要花费更多的精力才能读懂译文所要传递的信息。相反，动态对等或者说功能对等是以译入语的读者为出发点，为了使译文读者获得与原文读者基本相同的反应，译者必须对原文的讯息进行调整，以便满足接受者的语言要求和文化期待。自然流畅的译文是功能对等的核心要素之一，译者因而需要对原文的语法、词汇和文化指涉等进行调整，避免译文受到原文的干扰，在译文中尽可能地减少“洋腔洋调”。奈达所指的形式主要是指一些风格特征，包括语序及为了取得特殊的表达效果而使用的词汇、韵律、韵脚、文字游戏、特殊的语法结构等。但是，虽然风格、结构和形式具有重叠的部分，它们并非具有同样的内涵。奈达同时指出，功能对等也并不能轻而易举地化解“形式”和“内容”这一对传统概念所隐含的矛盾。此外，“对等”总是一个相对的概念，或者说只是一个度的问题。

总之，这些知识还是可以显性化、易于传播的。然而，我们不难发现，仅凭这些知识并不能在翻译过程中轻松地化解形式与内容之间的矛盾。在某些情况下，我们并不能化解这种矛盾；即使我们可以化解这种矛盾，依赖的也是一些难以言传的隐性知识。

二、化解形式与内容矛盾的隐性知识

从原文到译文的转换过程是一个异常复杂的翻译过程，也是翻译研究的弱点。就像我们前面所探讨的中医和其他的匠艺一样，这些过程中所隐含的大量隐性知识可以有多种显性化的方式。对于翻译而言，在理想状态下，如果翻译大师能够将自己的翻译过程所涉及的隐性知识显性化，那就减少了其他译者在黑暗中摸索的煎熬。

奈达在讨论形式对等与功能对能这一矛盾的时候提出了几点需要优先考虑的因素。例如，在形式与功能存在矛盾的时候，功能对等优先于形式对等。许渊冲(2006)在讨论“忠实与通顺”的时候也谈到了内容与形式的问题。他认为，对于忠实与通顺这两个普遍认可的翻译标准，其实大家有不同的理解。有人认为所谓忠实是指忠实于原文的内容，有人认为所谓忠实是指忠实于原文的形式。而且，在汉译英的时候，更多的人认为我们需要忠实于原文的形式。如果说形式与内容的矛盾是显性知识的话，那么在翻译过程中如何解决这一矛盾则涉及更多的隐性知识。他援引了一部教材中的几个译例(许渊冲，2006:43)阐述了这一问题。

Don't cross the bridge till you get to it.

不必担心过早(不必自寻烦恼)。

But I hated Sakamoto, and I had a feeling he'd surely lead us both to our ancestors.

但是我恨坂本，并预感到他肯定会领着咱们去见祖先。

按照教材作者的编写意图，第一个译例是忠实于原文内容的英译汉译例，第二个译例是忠实于原文形式的英译汉译例。这种关于忠实于内容与形式的隐性知识的显性化并不能让读者清楚地理解关于应该忠实于原文形式还是应该忠实于原文内容的问题。读者会问：为什么第一个译例选择忠实于内容，而第二个译例选择忠实于形式呢？在什么情形下，翻译选择忠实于原文形式？又在什么情形下，翻译选择忠实于内容呢？为什么不能既忠实于原文内容，又忠实于原文的形式呢？此外，原文的形式到底是指什么呢？

是该忠实于原文的内容还是忠实于原文的形式，还是既要忠实于原文的内容又要忠实于原文的形式，一直是翻译中难以回避的矛盾问题。对于忠实于原文的形式与内容的隐性知识的外在化，我们不能停留在如部分翻译教材那样仅仅列举两个译例说明何为忠实于原文形式的翻译、何为忠实于原文内容的翻译，我们还要依靠翻译大师将自己在处理忠实于原文的内容和忠实于原文的形式这一矛盾中的隐性知识进行外化，成为大家可以遵循的显性知识。关于忠实问题，许渊冲（2006）指出，我们首先要理解忠实包括忠实于原文的内容、形式和风格这三个方面；其次，我们要理解如何处理忠实于原文内容和形式的矛盾；再者，我们还要理解忠实其实存在不同的忠实度问题：

> 如果忠实于原文的形式和忠实于原文的内容是一致的，那译文就应该做到既忠实于原文内容，又忠实于原文形式……如果忠实于原文的形式和忠实于原文的内容并不一致，那就不必既忠实于原文内容，又忠实于原文形式，而只要忠实于原文内容，不必忠实于原文形式……同时也涉及忠实的三种程度：明确、准确、精确。我想，如果译文的内容和形式都忠实于原文的内容和形式，这可以说是“正确”的或“准确”的翻译。如果译文只忠实于原文的内容而不忠实于原文的形式，这时大致又有两种情况：一种是译文比原文更一般化，我想把这叫作“明确”的翻译；一种是译文比原文更加特殊化，我想把这叫作“精确”的翻译……那么通顺也可以有三种高低不同的要求，最低程度的要求是“易懂”，最高程度的要求我说是发挥译文语言优势，或者是扬长避短，如果要简化成两个字，那就只好是“扬长”或“传神”了。（许渊冲，2006：44—48）

这样，按照以上准则，上述第一个译例更好的翻译应该是“不到过桥时，不必担心过桥的事”，这一翻译既忠实于原文的形式又忠实于原文的内容。这样的例子不胜枚举。

以形式与内容的矛盾为例，唐代诗人李白的五言绝句《静夜思》的英译很能说明这一问题。在一个月明星稀的夜晚，李白抬头遥望天空，一轮皓月高高挂在天空，诗人的思乡之情油然而生，于是写下了这首千古传诵的名诗。以这首诗的第一句“床前明月光”为例，对于译者而言，其中的形式：（1）它所指的诗外（语言外）的世界，如床（前）和（明）月光这样有形的世界；（2）诗歌本身的语言形式，如诗节的行数（四行）、诗行的长短（五言）、节奏和韵律（平平中仄平；“光”和第二句的“霜”押韵）。这首诗所传达的是诗人客居思乡、以月寄相思的情怀。这些可以说是易于言说的内容，但是其中也隐含了一些不那么显性化的内容。

以下我们着重讨论诸多译家对于这首诗的首尾两句的翻译（转引自冯庆华,2010:435—437）。

I decry bright moonlight in front of my bed.
I suspect it to be hoary frost on the floor.
I watch the bright moon, as I tilt back my head.
I yearn, while stooping, for my homeland more.（徐忠杰译）

Abed, I see a silver light,
I wonder if it's frost aground.
Looking up, I find the moon bright;
Bowing, in homesickness I'm drowned.（许渊冲 1983 年译）

Before my bed a pool of light,
I wonder if it's frost aground.
Looking up, I find the moon bright;
Bowing, in homesickness I'm drowned.（许渊冲 2005 年译）

So bright a gleam on the foot of my bed —
Could there have been a frost already?
Lifting my head to look, I found that it was moonlight.
Sinking back again, I thought suddenly of home.（Witter Bynner 译）

I wake, and moonbeams play around my bed,
Glittering like hoar-frost to my wandering eyes;
Up towards the glorious moon I raise my head,
Then lay me down—and thoughts of home arise.（Herbert A. Giles 译）

I saw moonlight before my couch,

And wondered if it were not the frost on the ground.
I raised my head and looked out on the mountain moon,
I bowed my head and thought of my far off home. (S. Obata 译)

Seeing the Moon before my couch so bright
I thought hoar frost had fallen from the night.
On her clear face I gaze with lifted eyes;
Then hide them full of Youth's sweet memories. (W. J. B. Fletcher 译)

In front of my bed the moonlight is very bright.
I wonder if that can be frost on the floor?
I lift up my head and look at the full moon, the dazzling moon.
I drop my head, and think of the home of old days. (Amy Lowell 译)

首先,李白的这首诗非常简练,整首诗寥寥 20 个汉字,短小精悍,这是最直观的“形”。短短的四行文字传达了游子望月的浓浓乡愁,也让读者思绪万千、浮想联翩。当然,不同译文版本所用的英文单词数量、音节数量并不相同(表 9.1)。

表 9.1　不同版本译文所用英文单词数量、音节数量

译者	第一行		第二行		第三行		第四行		合计		每行音节数是否均等
	单词	音节	单词	音节	单词	音节	单词	音节	单词	音节	
徐忠杰	9	11	10	12	11	11	8	10	38	44	否
许渊冲(1983)	6	8	6	8	7	8	5	8	24	32	是
许渊冲(2005)	7	8	6	8	6	8	5	8	25	32	是
Bynner	10	10	7	8	11	13	8	12	36	43	否
Giles	8	10	7	12	9	11	9	10	33	43	否
Obata	6	8	11	12	11	12	11	11	39	43	否
Fletcher	8	10	9	10	9	10	8	10	34	40	是
Lowell	10	11	10	11	14	15	12	12	46	48	否

从表9.1可以看出，徐忠杰共用了38个英文单词、44个音节；许渊冲（1983）用了24个英文单词、32个音节；许渊冲（2005）用了25个英文单词、32个音节；Bynner用了36个英文单词、43个音节；Giles用了33个英文单词、43个音节；Obata用了39个英文单词、43个音节；Fletcher用了34个英文单词、40个音节；Lowell用了46个英文单词、48个音节。美国诗人Lowell的《静夜思》译文无论是所用英文单词数还是音节数量都是最高的，在长度上与原文的对应度是最低的。她是实验性意象派运动的领袖人物，从1914年的诗作《剑刃与罂粟籽》开始，她就运用“自由韵律散文”和自由诗的形式进行诗歌创作，称其为“无韵之韵”。所以，她所译的《静夜思》从形式上来看也是没有尾韵的。但是，她翻译的《静夜思》所指的诗外（语言外）世界，无论是有形的世界，还是无形的世界，与原文都非常贴近，如：汉语首行中的“床头”（In front of my bed）、“明月光”（the moonlight is very bright）；第二行的“地上霜”（frost on the floor）；第三行的“举头”（I lift up my head）、“望明月”（look at the full moon, the dazzling moon）；第四行的“低头”（I drop my head）、“思故乡”（think of the home of old days）。特别是在第三行，诗人Lowell并没有拘泥于该行的长度，该行译文用了14个单词，突出一轮满月，亮得炫目。中国译者许渊冲译诗追求音美、形美、意美。他的英文翻译最为简练，在长度上与原诗贴近度最高。许渊冲和Fletcher的英文译文每行的音节数均等，分别为8和10，两个译文所用英文单词数分别为24/25和34，也是比较简练的，而且还巧妙安排了尾韵，增强了诗歌的韵律美。许渊冲（1983）在讨论“三美”与“三化论”的时候强调了译文采用隔行押韵（英国翻译家Giles是格律派代表人物，他的英译也采取了隔行押韵的形式），而且原韵“霜”“乡”在译文对应行末采用aground和drowned，都与原文一样含有鼻音，达到了音似和音美的效果。英国译者Fletcher率先出版了唐诗英译译著，选译了286首唐诗，对唐诗翻译很有造诣。然而，他所译的《静夜思》的第四行所指的“世界”与原文有一定的差异，月亮所勾起的并不是对故乡的思念，而是年轻时候的美好回忆（Youth's sweet memories）。当然，对于韵律诗的翻译，是翻译成散文体还是韵律诗的形式，这是翻译家们争论不休的问题。理雅各强调翻译必须忠实于原文，这种忠实包括对原作形式的忠实，所以他将《诗经》翻译成了韵体。相较而言，韦利强调“依据原文逐字逐句直译，而不是意译，采用不押韵的自由形式，而不是诗体的押韵形式，认为译文如果勉强凑韵，势必损害原文”（转引自汪榕培、王宏，2009：91）。翁显良的译诗主张则有些极端自由化，认为“译诗不是临摹，似或不似，在神不在貌。更不必受传统形式的束缚，押韵不押韵，分行不分行，一概无所谓，岂不自由得很？”（转引自汪榕培、王宏，2009：91）。翁显良所译的《静夜思》正是他的诗歌翻译观的写照。“完全不顾原文的形式，故意把这首诗译成了散文形式。”（冯庆华，2010：42）

A splash of white on my bedroom floor.

Hoarfrost?

I raise my eyes to the moon, the same moon.

As scenes long past come to mind, my eyes fall again on the splash of white, and my heart aches for home.

事实上，韵律是诗歌的重要特征。正如雅各布森所云，诗歌之所以在很多人看来具有不可译性，是因为诗歌是形式和意义的统一，诗歌的音韵也是诗歌语义的一部分。（转引自 Munday，2016：61）因此，在翻译诗歌的过程中，译者需要对这种形式特征采用创造性的转换方式，而不是全然不顾。

其次，对于物的存在形式，如《静夜思》中的“床”字，在理解上存在不少争议，给翻译也带来了挑战，这一有形的存在该如何传递呢？以下是对“床”字的不同解释。

> 此诗中的“床”字是争论和异议的焦点。今传五种说法。①指井台。②指井栏。从考古发现来看，中国最早的水井是木结构水井。古代井栏有数米高，成方框形围住井口，防止人跌入井内，这方框形既像四堵墙，又像古代的床。因此古代井栏又叫银床，说明井和床有关系，其关系的发生则是由于两者在形状上的相似和功能上的类同。③“窗”的通假字。从意义上讲，“床”可能与“窗”通假，而且在窗户前面是可能看到月

亮的。但是，参照宋代版本，“举头望山月”，便可证实作者所言乃是室外的月亮。从时间上讲，宋代版本比明代版本在对作者原意的忠诚度上更加可靠。④取本义，即“坐卧的器具”，《诗经·小雅·斯干》有“载寝之牀”，《易·剥牀·王锳注》亦有“在下而安者也”之说，讲得即是“卧具”。⑤马未都等认为，床应解释为“胡床”。胡床，亦称“交床”“交椅”“绳床”。古时一种可以折叠的轻便坐具，马扎功能类似小板凳，但人所坐的面非木板，而是可卷折的布或类似物，两边腿可合起来。现代人常为古代文献中或诗词中的“胡床”或“床”所误。至迟在唐时，“床”仍然是“胡床”(即“马扎”，一种坐具)。

(https://baike. baidu. com/item/% E9% 9D% 99% E5% A4% 9C% E6% 80% 9D/214? fr = aladdin,2019 年 8 月 26 日检索)

当然，有人认为，“一首成功的诗歌，往往具有‘言有尽而意无穷’的特点，其内涵之丰富，往往超越作者在写作时的感受。因此就需要读者用自己的知识、经历、体验、感情想象去丰富它、充实它。”(熊露士，2007:111)对于翻译而言，语言文化差异加上对诗歌的不同解读给在目标语中的恰当选词带来了不容低估的难度。

在以上英译中，“床”从其文字形式上看有两种不同的翻译，日本人小灿薰良(Obata)和英国译者 Fletcher 将“床”翻译为 my couch，其他的译家都将“床”翻译为 my bed。根据 2004 年版《牛津英语大辞典(简编本)》第 530 页的解释，couch 含义是 a frame, with what is spread over it, on which to lie down; anything on which one sleeps，这是旧用法，这一意义的大致起源时间为 1150—1349，现在一般用于文学性语言；couch 的另一个含义是 an article of furniture for reclining or sitting on，这一意义的大致起源时间为 1930—1969 年，是供坐、靠、躺的家具，譬如睡椅，这个比较接近以上的第⑤种解释，即“古时一种可以折叠的轻便坐具”。这种坐具在古代一般放在窗口，与窗台留有一定距离，人可以绕“床”而行。当然，它也可以用在诗性语言中指床或寝处。可见，译者的选词采用了一种比较聪明而保险的方法。再从所采用的英文所有格形式来看，couch 及 bed 前面是形容词性物主代词 my，继而排除了

couch 及 bed 作为“井台”或“井沿”的含义，即以上的第①和第②种含义。

这里的“床”到底指什么？赵甄陶（1986：16）在解释这首诗中“床”的含义时指出，“许多文学史家知道李白有些诗是模仿六朝诗歌的。这首诗是模仿六朝的《子夜四时歌》里的《秋歌》‘秋风人窗里，罗帐起飘扬。仰头看明月，寄情千里光。’”这个旁征博引无意之中支持了上述的“床”字的第③种含义，即通假字“窗”。赵甄陶继而又指出，“他既可能在卧床上坐起来抬头望月、俯首思乡，也可能下床在室内或甚至到室外望月……如果硬要追问李白在什么地方举头望月、俯首思乡，那大可不必，而且也不可能，还是让读者去想象吧”（赵甄陶，1986：16）。作者隐约发现，如果那是睡的或躺的床，确实很难想象李白在屋内的床上如何“举头望明月”。有人会疑惑：“这月光是从哪里射进来的？”一种解释就是，月光恰巧从窗户或者屋顶的明瓦射进来。但是，人们又会追问：“那室内的地上会有霜吗？”这就有些难圆其说了。张立华（2018：12）在《解放日报》撰文指出：

> 李白的《静夜思》是背诵率很高的一首古诗：床前明月光，疑是地上霜。举头望明月，低头思故乡。除了它是诗仙的名篇之外，通俗易懂无疑是一个重要的因素。不管男女老幼，不论文化高低，无须注解，都可以读明白。可是，这首通俗的诗似乎经不起推敲。躺在床上能举头低头？

在唐诗中，明月照床的意境比比皆是。例如，“风帘半钩落，秋月满床明”（元稹《夜闲》）、“梦中相聚笑，觉见半床月”（李贺《秋凉诗寄正字十二兄》）、“寒城欲晓闻吹笛，犹卧东轩月满床”（杜牧《秋夜与友人宿》）。关于李白诗中“床”的困惑与争议也不仅仅局限于《静夜思》。李白在《长干行》中写道：“妾发初覆额，折花门前剧。郎骑竹马来，绕床弄青梅……”一般认为，“绕床”承上句“郎骑竹马来”，意为男孩跨骑竹马而来，围绕井栏旋转奔跑。但是，在翻译中，译者有不同的解读。其中，“绕床弄青梅”一句的不同翻译示例如下：

My forehead barely covered by my hair,
Outdoors I plucked and played with flowers fair.
On hobby horse he came upon the scene,
Around the well we played with plumes still green.

（许渊冲译）

While my hair was still cut straight across my forehead,
I played about the front gate, pulling flowers.
You came by on bamboo stilts, playing horse,
You walked about my seat, playing with blue plums.

（庞德译）

My hair had hardly covered my forehead
I was picking flowers, playing by my door.
When you, my lover, on a bamboo horse,
Came trotting in circles and throwing green plums.

（Witter Bynner & Kiang Kang-Hu 译）

从《长干行》的英译来看，许渊冲把“床”译为 well，即“井”（对应以上释义①，即指井台或井栏）；庞德把“床”译为 seat（对应以上释义④和⑤，即一种坐具）；Witter Bynner & Kiang Kang-Hu 的译文则略去了这一物件。但是，有趣的是，关于《长干行》中“床”字翻译的分歧较大，而《静夜思》中的“床”字的翻译则比较趋同。其中的缘故恐怕在于：一是这首诗本身文字比较简单，译者往往不会深究；二是静夜的月亮容易让人以为这首诗里的“床”无异于我们现在睡觉的床。不过，对于《静夜思》中“床”字的不同翻译会产生不同的意境。

（1）如上所述，徐忠杰、许渊冲、Witter Bynner、Herbert A. Giles 和 Amy Lowell 都把“床”理解为卧具，译为（my）bed，那么诗人卧在床上，床前洒满皎洁的月光，依稀之中以为是地上铺满了白霜，于是乎“举头望明月，低头思故乡”。

（2）如果把“床”理解为井床，或者说井栏或井沿，抽象译为

well，或者基本对等译为 balustrade，或者 well railings（实质上，这两个英文词汇主要是“栏杆”的概念，与一般意义上的井床还是有一定差异的），那么读者可以想象：诗人在宁静的夜晚独自徘徊在庭院的水井旁，眼见满地月光如霜，不由得举头仰望明月，思乡之情油然而生。例如，

Homesick at a Still Night

A silver moon hangs by the balustrade,
I fancy moonlight as frost on the ground.
Gazing up of the bright moon I'm looking,
Lowering my head of my native land I'm missing.

（刘军平译）

（3）如果把“床”理解为坐具胡床，如上所述，译为 couch 或者 seat，或者如以下译例译为 chair，那么在月明星稀的夜晚，诗人夜不能寐，独自坐在窗前，眼见银白色的月光从窗外照进屋内，犹如霜一样静静地洒在地上，不由得仰头远望天上的月亮，心中思念起自己远方的家乡。

Thinking (Musing, Pondering) in a Quiet Night

The bright moonlight before the chair
I take for frost on the floor.
Raising my head, I watch the bright moon; (I raise my head, watching the bright moon;)
Bowing my head, I think of my homeland. (I bow my head, thinking of my homeland.)

（海外逸士译）

（4）如果把“床”译为 bed，但是在 bed 前面不加形容词性物主代词 my，那么译者赋予读者很大的想象空间，是寝具的床，还是引申意义上的床，即（井）床、（苗）床、（河）床？例如，许渊冲（1983）把“床”译为英文的副词 abed；在 Wong Man 的译文中，bed 前面为零限定。英国汉学家克兰默-宾（L. Cranmer-Byng）译诗注重意境

的再现,他并不拘泥于原诗的表面形式特征,译文的韵律、字里行间流淌的情感,无不引导读者进入诗人的情怀。克兰默-宾在 bed 前用定冠词。那是什么床?给读者更多的联想空间。

Night Thoughts

On bed bright moon shone,
Thought frost on ground foamed,
Raised head faced bright moon,
Lowered head dreamt of home. (Wong Man 译)

Thoughts in a Tranquil Night

Athwart the bed
I watch the moonbeams cast a trail
So bright, so cold, so frail,
That for a space it gleams
Like hoar-frost on the margin of my dreams.
I raise my head,
The splendid moon 1 see:
Then droop my head,
And sink to dreams of thee
My fatherland, of thee! (L. Cranmer-Byng 译)

译者对于诗中的“月亮”的处理也隐含着无声的知识。moon 在英语中的喻义是 something impossible or inaccessible,即不可能发生的事情或者不可能获得的东西。英国小说家毛姆所著的中篇小说《月亮与六便士》书名就给了我们启发。《月亮和六便士》概括了主人公查尔斯·斯瑞克兰德前后期两种截然不同的人生:前期作为股票交易所经纪人,就像身边随处可见的便士一样平常卑微,在刻板规矩的理性节奏中生活;后期突然在“神谕”的召唤下,他抛弃了在外人看来非常美好的事业和家庭去了巴黎,成了一位遁世画家,追逐着自己的梦想,成了那颗“月亮”。所以,英文中的 moon 并不像汉文化中的月亮可以“千里共婵娟”。Witter Bynner

深谙东方文化和哲学，因而他在《静夜思》英译第一行中略去了moon，淡化了“月亮”这一意象。2005年，许渊冲对1983年的初译第一行译文进行了进一步的润饰，用pool与最后一行的drown呼应，让读者从一开始就联想到“水”，即将“月亮”意象转换成“水”意象，把乡愁比作水，把月光和乡愁联系起来，沉浸在乡愁之中。

三、防范隐性知识的过度显性化

对于翻译中的隐性知识，我们还有必要区分它是原文所隐含的知识，还是译者的翻译过程所隐含的隐性知识。在此，我们需要关注的是后者。作为一般的读者，如果他自身不是译文的译者，那么他只能对这一翻译过程进行揣摩，或者通过采访或阅读有关译文的副文本，对其中的隐性知识进行概括，加以显性化。例如，从总体的翻译过程而言，译者可能遵循着自己的路径。许钧（2002：66—67）如是概述了自己的翻译过程：

> 翻译前，我喜欢多读几遍原著，尽量体味原作的风格、情调和文字的特色，如有可能，再找风格有些相似的中文书来读，慢慢会有一种冲动。翻译时，我特别注意初稿的质量，尽可能少出错。一般说来，从初稿到定稿，主要是修改句子结构、掌握词的色彩与分寸以及尽量达到总体效果的和谐。最近几年，我译完一部书后喜欢抽译稿的一些章节，让作家朋友读一读，根据他们的感觉再做一些修改。我发现作家的感觉很好，他们的意见对我提高译文质量起到很大的作用。

同理，Nida（2001：105—106）认为，译者首先应对翻译进行背景准备工作，这类似于许钧所说的“多读几遍原著”“再找风格有些相似的中文书来读”，渐渐地找到翻译的感觉和灵感。此外，如果拟进行的翻译属于复译，已经存在不同的译本，那么译者也应该仔细阅读这些译本，分析以往译者是如何解决这些问题的。奈达指出，在理想翻译场景下，译者在翻译准备方面所花费的时间或许会超过实际翻译时间，所以在翻译家看来，翻译准备工作是一个非常重要的环节。在充分准备工作完成以后，译者再着手翻译，实际的翻译过程可以归纳为以下八步：

（1）初译，这一过程往往相对较快，初译时把重点放在风格上。有些译者喜欢口述，觉得这样翻译译文会更加清新、更加流畅。但是，无论译者是口述、打字还是手写，重要的是译文的韵律和流畅度。

（2）把译文初稿先放一放，等到一个星期左右以后再看，这样就好像是第一次看到译文一样，原先的翻译不会总在耳边萦绕，译者可以更加客观地评价自己的译文。

（3）仔细阅读翻译的内容，重点检查翻译的准确性和连贯性。删去画蛇添足的冗余翻译，纠正翻译疏漏内容，改写拗口的翻译，特别注意概念翻译的一致性。

（4）把修改稿再放一放，过几天后再看。

（5）再次反复检查译文的风格。由于我们的耳朵对衔接、韵律等更加敏感，因此检查技巧就是有声朗读译文。

（6）再次检查译文的拼写、标点、格式等文字细节。有些译者认为可以同时检查内容、风格及文字，这其实是大错特错，内容、风格和文字这三个方面必须分开检查。

（7）将翻译稿件提交给编辑及/或出版商，在此之前最好让有代表性的目标读者先试读一下译文。

（8）考虑编辑及出版商的意见，有些建议可能还需要进一步的讨论。译者必须避免被不成熟的意见所左右。在大多数情况下，出版社的编辑都能提出很有益的建议，译者必须仔细考虑编辑的意见。

奈达和许钧都非常重视翻译的校验环节，许钧“译完一部书后喜欢抽译稿的一些章节，让作家朋友读一读”；奈达也指出希望找到有代表性的读者先行试读，然后再将译稿交给编辑或出版商。当然，奈达同时也指出，以上所描述的翻译准备和实际翻译步骤仅仅属于理想的翻译场景，即译者具有充足的时间和充分的资源去阅读和研究所要翻译的文本，对文本理解和翻译问题或难点逐个进行注记，查阅相关翻译文本，比对前人对相关问题或难点的解决方法。事实上，如果翻译稿件要得很急，那么译者就很难花费更多的时间去准备或者按照以上步骤把译稿放一放再审;此外,对于某些译者而言,以上某些步骤可能是合并交替完成的,界限并非如此分明;再者,如果翻译任务是由一个翻译团队完成的合作翻译,那么翻译步骤也会发生变化。但是,无论如何,我们的翻译首先要确保译文风格是可以接受的,然后再检查翻译的准确性、连贯性及文字细节上的准确性。

然而,除了翻译过程的整体把握之外,还有翻译过程中具体的操作或者说基本的操作,包括源文本分析、源文本与目标文本之间的转换、目标语言的重组和翻译文本的校验。如果译者真正理解源文本的意义,而且具有相应的目标语言能力,那么翻译似乎是完全自然的习惯性行为。(Nida,2001)所以,对于翻译家而言,他们的翻译过程隐含了大量的对于翻译学习者而言有益的隐性知识。因此,如何将这些隐性知识显性化,让更多的人从中得益,这是一个非常重要的课题,但是翻译老师能够在多大程度上提高学生的翻译能力,这可不是一个简单的问题。

> 纽马克(Newmark)亦有同感,他说,“要想通过教学让某人成为出色的翻译家就像企图通过教学让某人成为语言专家一样困难。你所能做的只能是给学生一些启示、一些实践……作为教师,你可以激起学生的兴趣与热情,从而引导他们通过自身的努力去提高水平。”(林克难,2000:56)

然而,翻译教学还是很有必要的。

> 有人说翻译能力不是教的,是自己在翻译实践中一步步提高起来的。这个说法我也感到很实际,因为我学外语时没上过一节翻译课。但我感到教与不教有很大差别。其主要差别是:第一,自学者培养兴趣需要时间较长,所以长期坚持自学者很少。第二,自学的知识系统性差,很难达到那种三位一体的系统性。第三,靠自己总结经验教训,培养抽象思维能力难,培养创造能力更难。(杨自俭,2006:38)

林克难(2000)描述了他所见的国外翻译课师徒相授的教学模

式。尽管其中包括对于英汉和汉英翻译向度的选择、翻译材料的选择等问题，但其中最根本的是所谓的“经验主义的师徒相授”模式，这其中包含了教师对于自身翻译中的经验这种隐性知识的显性化。

> 戈申教授是位汉学家，但在他的翻译课上从不涉足英译汉，而是专门讲授汉译英。翻译的篇章以文言诗词为主，也有一些现代的小说比如老舍的作品。戈申教翻译的办法完全是经验主义的师徒相授（master and apprentice）的办法。就是先让学生将指定的文章译成英语，然后在课上从头至尾逐句讨论。他的教学法让笔者回忆起当年在国内上研究生时英国汉学家约翰·闵福德（John Minford）的教学法，两者如出一辙。但戈申教学有两个突出的特点。第一，在翻译诗词时他要求学生将每个汉字注音，同时，通过查词典，将英语词义注写在每个汉字的下面。第二，期末要求翻译一篇篇幅较大的文章，由学生自己选择篇目。这样，学生在“集中”之外享有一定的“自主权”。他的第一个办法，笔者一开始觉得很新鲜，同时也感到有点“多此一举”。后来发现，这种方法是美国颇有影响的诗词翻译大家 Robert Bly 主张的翻译八阶段中的第一阶段。尽管这种翻译方法遭到金堤先生的反对，但这种译法对于培养译者严谨的译风还是有它积极的意义的。据了解，在美国的外语院系当中，这种师徒相授的教学方法在翻译课上仍然相当普遍。这同中国大专院校翻译课上占相当部分的教师授课方法十分相似。（林克难，2000:58）

在翻译教学中，对于隐性知识的外在化和内隐化问题，最本质的是哪些是可以教授的隐性知识问题，因为无论是在理论上还是在实践上，要实现一切隐性知识都可以传授是不切实际的。首先，隐性知识包括无意识的知识和有意识的知识，而有意识的知识又包含能用语言表达的知识和无法用语言表达的知识，所以理论上来讲，只有能够意识到且能用语言表达的隐性知识才是可以显性化的知识。此外，“隐性知识具有个人性的特点，是基于个人已有知识基础上的建构。然而，对于隐性知识显性化价值的过度追求，导致教师的个人价值代替了学生多样化的理解。”（程龙，2015：34）事实上，并不是每一位翻译教师都能实现师徒式的翻译教学和隐性知识的传递，因为并不是每一位翻译教师都像闵福德这样的翻译家一样具有大量的翻译实践体验和经验。对于非翻译家式的翻译教师，试图按照自身的价值判断，将隐性知识的过度显性化，只会起到适得其反的效果。

教师将隐性知识显性化的过程并不能取代学生将这些知识再内化的过程。在翻译教学实践中，在隐性知识的显化和内化问题上，教师往往在具体形式或程式上还面临着一些两难选择：（1）先将隐性知识显性化，然后带着学员阅读、讨论翻译译例去体会这些显性知识，最后布置翻译作业让学生将这些显性知识再内隐化；（2）先让学员去阅读翻译译例，然后对翻译案例进行讨论，分析译例中有关翻译的隐性知识，教师在学生分析的基础上加以综合评价，提炼出相应的显性知识，最后布置翻译作业让学生将这些显性知识再内隐化。在翻译教学实践中，如果老师只是采取纠错式的教学方式，即布置翻译任务，然后再给出参考答案这样的显性知识，但是学生无法从参考答案中找到做出这样或那样的翻译决策的理据性信息（隐性知识），那么学生就很难实现这种知识的内化，也无法通过翻译教学形成我们所希望的翻译家式的翻译习惯。

当然，翻译是一种社会实践活动，这种话语转换与意识形态等外部因素是密切相关的。（孙志祥，2009：182）即便是设计学术话语翻译研究，我们也需要将这些因素纳入我们的研究范围。由此看来，我们的研究就此画上一个句号，只是暂时的。

参考文献

埃伦·勒普顿. 好设计是这样想出来的:给设计师的30种创意思考法[M]. 耿瑞,译. 上海:上海人民美术出版社,2020.

安乐哲,张琳. 为时未晚:论中国哲学之西译[J]. 社会科学文摘,2017(10):80—82.

奥斯汀·豪. 设计师不读书[M]. 一熙,译. 重庆:重庆大学出版社,2010.

保罗·兰德. 想·设计:保罗·兰德的永恒设计准则[M]. 施昀佑,译. 台北:原点出版社,2016.

贝丽尔·马克龙,等. 设计中的智慧思维[M]. 王玉,译. 北京:中国摄影出版社,2018.

彼得·布伦德尔·琼斯. 现代建筑设计案例[M]. 魏羽力,吴晓,译. 北京:中国建筑工业出版社,2005.

彼得·沃克,梅拉妮·西莫. 看不见的花园[M]. 王健,王向荣,译. 中国建筑工业出版社,2009.

彼得·沃克,梅拉妮·西莫. 看不见的花园[M]. 陆路平,等译. 南京:江苏凤凰科学技术出版社,2017.

布鲁斯·布朗,等. 设计问题(第一辑)[M]. 辛向阳,孙志祥,代福平,译. 北京:清华大学出版社,2016.

布鲁斯·布朗,等. 设计问题(第二辑)[M]. 孙志祥,辛向阳,代福平,译. 北京:清华大学出版社,2016.

布鲁斯·布朗,等. 设计问题:创新模式与交互思维[M]. 孙志祥,辛向阳,译. 北京:清华大学出版社,2017.

布鲁斯·布朗,等. 设计问题:体验与交互[M]. 辛向阳,孙志祥,译. 北京:清华大学出版社,2017.

曹昌,李永华. 中国“高铁出海”第一道门槛未跨过,难获全球认可[N]. 中国经济周刊,2014 - 12 - 29. http://www.meirijinrong.com/81866.html.

曹笃鑫,向明友. 意义研究的流变:语义-语用界面视角[J]. 外语与外语教学, 2017(4):78—89,149.

曹明. 赖声川及其表演工作坊[J]. 台港与海外华文文学评论和研究, 1995(1): 32—35.

晁军,谢辉. 英国医院建筑的循证设计初探[J]. 城市建筑, 2008(8):31—32.

陈嘉琨,刘云虹. 复译与文本新生命的生成——以《魔戒》汉译为例[J]. 外语教学, 2019 (3): 80—85.

陈仕吉,康温和,江文森. 跨学科研究在科学研究中越来越重要?[J]. 科学学研究, 2018(7): 1153—1160,1195.

陈仕吉. 跨学科研究更容易获得高学术影响力?[J]. 图书情报知识, 2018(6): 2.

陈玺,景倩倩. 东法西渐:当代中国法学学术著作的世界传播——以国家社科基金“中华学术外译项目”法学类作品为中心[J]. 法制教育研究,2018(3):49—72.

陈新仁. 语用学研究:学术创新与文本呈现[J]. 福建师范大学学报(哲学社会科学版), 2017(2):90—96,171.

陈岳,等. 西方政治学在中国:近30年来学术翻译的发展与评析[J]. 政治学研究, 2013(2):95—110.

陈跃红. 诗学人工智能跨学科研究[J]. 浙江社会科学,2019(1):135—138,160.

程龙. 隐性知识的过度显性化及其救赎[J]. 全球教育展望, 2015(7): 31—39.

戴维·霍尔农. 视觉艺术色彩:在艺术与设计中理解与运用色彩[M]. 王雪婷,译. 杭州:浙江摄影出版社,2014.

董洪学,张坤媛. 云计算学习平台下MTI翻译工作坊教学模式研究[J]. 外语电化教学,2016 (1):56—61.

段德智. 莱布尼茨物质无限可分思想的学术背景与哲学意义[J].

武汉大学学报(人文科学版),2017(2):43—48.
厄尔霍夫,马歇尔.设计辞典[M].许敏敏,沈实现,王今琪,译.武汉:华中科技大学出版社,2016.
樊丽萍.图书翻译究竟有多烂?[N]文汇报,2018-10-15.https://www.sohu.com/a/259562711_100035070.
冯庆华.实用翻译教程[M].上海:上海外语教育出版社,2010.
冯婷婷,孙智帅.经济学翻译家杨敬年学术翻译摭谈[J].中国翻译,2018(2):90—94.
冯志伟.现代术语学引论(增订本)[M].北京:商务印书馆,2011.
高放.《乌托邦》在中国的百年传播——关于翻译史及其版本的学术考察[J].中国社会科学,2017(5):181—204,209.
龚波.《世说新语》书名译论[J].汉语史研究集刊,2019(1):166—173.
郭纯洁.句法与语义界面研究60年反思[J].现代外语,2018(5):711—720.
郭建中.重视实践,也重视理论[J].上海科技翻译,2003(1):1.
郭庆民.话语研究的跨学科性及其新动向与挑战[J].中国人民大学学报,2018(3):164—172.
韩子满.跨学科翻译研究:优劣与得失[J].外语教学,2018(6):74—79.
豪·鲍克斯.像建筑师那样思考[M].姜卫平,唐伟,译.济南:山东画报出版社,2009.
何人可.工业设计史[M].北京:高等教育出版社,2019.
赫胥黎.天演论[M].严复,译;李珍,评注.北京:华夏出版社,2002.
胡安江.第三届中国外语界面研究学术研讨会暨中国英汉语比较研究会界面研究专业委员会2016年会成功召开[J].外语教学,2016(3):2.
胡波,董晓波.古代法律专业术语之不可译及其补偿研究[J].中国文化研究,2020(4):140—149.
胡翠娥.从“文化回译”看《天主实义》中几个重要术语的英译——

兼论托马斯·阿奎那的上帝论和人性论[J]. 中国翻译, 2018(3): 87—95.

黄立波,朱志瑜. 严复译《原富》中经济术语译名的平行语料库考察[J]. 外语教学, 2016(4): 84—90.

黄振定. 翻译理论与实践的辩证关系[J]. 上海科技翻译,2003(1):5.

黄忠廉,杨荣广. 译学本体的术语厘定问题——以"原语"与"源语"为例[J]. 外国语, 2015(5): 74—81.

蒋开召,刘略昌. 中国特色法律术语的翻译——从法定代表人的译法谈起[J]. 中国翻译, 2019(6): 139—144.

金伯利·伊拉姆. 设计几何学[M]. 吴国庆,译. 台北:积木文化,2008.

金伯利·伊拉姆. 设计几何学[M]. 沈亦楠,赵志勇,译. 上海:上海人民美术出版社,2018.

金其斌. 李约瑟和霍金两部科技著作的书名汉译[J]. 中国科技术语, 2018(4):30—33.

居祖纯. "猫论"对翻译界应有的启示[J]. 上海科技翻译, 2003(2):1—2.

拉兹洛·莫霍利-纳吉. 运动中的视觉:新包豪斯的基础[M]. 周博,等译. 北京:中信出版社,2016.

李春江,王宏印. 多元系统理论观照下的莎士比亚戏剧翻译:莎剧翻译与复译及其历史文化语境的概要考察[J]. 外语与外语教学, 2009(6): 51—53.

李春景,刘仲林. 跨学科研究规律的实证分析[J]. 科学技术与辩证法, 2004(2): 75—78.

李春景,刘仲林. 现代科学发展学科交叉模式探析———一种学科交叉模式的分析框架[J]. 科学学研究, 2004(3): 244—248.

李丛禾. 元语言否定的认知语用功能探微[J]. 天津外国语大学学报, 2013(6):18—23.

李德凤,等译. 翻译学导论:理论与应用(第三版)[M]. 北京:外语教学与研究出版社,2014.

李甫洛娃. 译“象”:从术语译介到范畴译介[J]. 中国翻译, 2018(2): 52—56,123.

李辉作,马源. 大学跨学科研究的驱动力及其阻碍因素分析[J]. 黑龙江高教研究, 2018(6): 57—61.

李明,仲伟合. 翻译工作坊教学探微[J]. 中国翻译,2010(4):32—36,95.

李小龙. 从汉化到欧化——西方小说书名中译策略演化例考[J]. 北京社会科学, 2018(12): 41—49.

梁锦祥. 元语言否定的否定对象[J]. 外语学刊, 2000(3): 63—69.

梁艳君,马慧芳. 民族学学术著作外译模式——基于《中国北方民族萨满教研究》英译实践[J]. 西南民族大学学报(人文社会科学版), 2015(2):30—33.

廖炳惠. 关键词2000[M]. 南京:江苏凤凰教育出版社,2006.

廖七一. 跨学科综合·文化回归·多元互补——当代西方翻译理论走向试评[J]. 外国语,1998(5): 26—33.

林克难. 翻译教学在国外[J]. 中国翻译,2000(2):56—59.

林克难. 翻译需要理论指导[J]. 上海科技翻译,2003(1):4.

刘博, 沈菊琴. 界面及界面管理概念界定[J]. 华东经济管理, 2012 (9):109—111.

刘海年,张立平. 近现代设计史[M]. 沈阳:辽宁科学技术出版,2014.

刘立胜. 翻译的跨学科研究:现状、问题与思考——《跨越边界:翻译学与其他学科》介评[J]. 上海翻译, 2018(2): 86—89.

刘立壹. 谈中国的合作翻译[J]. 中国外语, 2012 (4): 89—93.

刘茜,李清平.《寂静的春天》在中国的译介——兼论翻译学与社会学的界面研究潜势[J]. 中国翻译,2018(2):46—51.

刘群艺. 去伦理化的努力与中国近代经济学理念的启蒙——以严复译《原富》为中心[J]. 贵州社会科学, 2013(8):142—149.

刘润泽,魏向清,赵文菁. “对等”术语的谱系化发展与中国当代译学知识体系建构——兼谈术语翻译的知识传播与理论生发功能[J]. 中国翻译, 2015 (5): 18—24.

刘润泽,魏向清. 生态译学话语构建的术语批评路径及其反思——知识生产与话语传播[J]. 外语学刊, 2017(3): 74—79.

刘晓燕,王一平. 循证设计——从思维逻辑到实施方法[M]. 北京:中国建筑出版社,2016.

刘笑,刘仲林. 跨学科研究前沿理论动态:学术背景和理论焦点[J]. 浙江大学学报(人文社会科学版), 2012(6):16—26.

刘雪芹. 典籍复译的危机——《论语》英译二百年(1809—2009)之启示[J]. 广西民族大学学报(哲学社会科学版), 2010(3): 163—170.

刘昱,刘仲林. 学科交叉中的科研创新契机——以中科院院士增选为例[J]. 科技进步与对策, 2005(12): 61—63.

刘仲林. 交叉科学与交叉(跨学科)教育[J]. 新华文摘, 1986(11): 196—200.

刘仲林. 国外"学科"与"跨学科"概念介绍[J]. 科学学与科学技术管理, 1988(9): 26—28.

刘仲林. 交叉学科分类模式与管理沉思[J]. 科学学研究, 2003(6): 561—566.

刘仲林,等. 国外交叉科学(跨学科)研究新进展[J]. 河池学院学报, 2009(1): 8—12.

吕俊. 关于翻译研究中的两种范式问题:读《翻译学:一个未圆且难圆的梦》[J]. 外语与外语教学, 2000(9): 42—45.

吕俊. 翻译理论的功能——兼析否认理论的倾向[J]. 上海科技翻译,2003(1):3—4.

吕俊,兰阳. 从学科学的角度谈翻译学的建立[J]. 解放军外国语学院学报,1997 (1):55—60,94.

吕俊,侯向群. 翻译学——一个建构主义的视角[M]. 上海:上海外语教育出版社,2006.

吕西安娜·罗伯茨. 平面设计伦理与风格手法[M]. 陈永群,等译. 沈阳:辽宁科学技术出版社,2010.

马茂元,赵昌平. 唐诗三百首新编[M]. 长沙:岳麓书社,1985.

马祖毅. 中国翻译简史:“五四”以前部分[M]. 北京:中国对外翻译出版公司,1998.

莫霍利-纳吉. 运动中的视觉[M]. 周博,等译. 北京:中信出版社,2016.

穆可娟. 法律英语汉译中的术语不可译及其处置[J]. 外语学刊,2015(3):111—114.

倪钢. 界面文化的解释[J]. 自然辩证法研究,2006(11):62—66.

诺曼·K. 布思. 风景园林设计要素[M]. 曹礼昆,曹德鲲,译. 北京:中国林业出版社,1989.

潘文国. 界面研究四论[J]. 中国外语,2012(3):1,110—111.

秦兰珺. 数字界面:虚拟现实与虚拟化的现实[J]. 文艺研究,2014(10):96—108.

卿学民. 政治文献重要术语外译的理论逻辑分析——以“人民当家作主”的日译为例[J]. 日语学习与研究,2018(2):8—14.

区鉷. 概念困惑、不可译性及弥补手段[J]. 中国翻译,1992(4):17—20.

任东升,王芳. 译学外来术语内涵延展与概念重构——以translator's invisibility为例[J]. 上海翻译,2020(4):67—71.

阮俊斌. 工作坊教学的探索——以非英语专业学生的笔译教学为例[J]. 上海翻译,2016(3):77—83.

深泽直人. 深泽直人[M]. 路意,译. 杭州:浙江人民出版社,2016.

沈晓华. 论少数民族典籍书名的英译:问题与应对方案——以中文学术期刊译例为中心[J]. 民族翻译,2020(1):60—66.

沈榆. 中国现代设计观念史[M]. 上海:上海人民美术出版社,2017.

斯文·埃里克·拉森,王敬慧. 备受争议的概念:跨学科的历史及文化碰撞[J]. 探索与争鸣,2018(1):128—135,144.

宋乐平. 基于区域创新的图书馆隐性知识管理探析[J]. 图书馆工作与研究,2018(3):64—68.

宋晓舟,林大津. 学术翻译与中国媒介环境学的发展——何道宽教授访谈录[J]. 国际新闻界,2016(9):6—19.

孙群郎. 当代美国的精明增长运动及其评价[J]. 史学理论研究,2015(4):87—98,159.

孙占国. 李白《静夜思》"床"字之解[N]. 中国文化报,2017-07-10(003).

孙志祥. 文本意识形态批评分析及其翻译研究[M]. 北京:中国社会科学出版社,2009.

孙志祥,吕俊. 理论与实践的界面问题:设计学之于翻译学的启迪[J]. 山东外语教学,2018(3):98—104.

谭载喜. 翻译比喻中西探幽[J]. 外国语(上海外国语大学学报),2006(4): 73—80.

汤茂林. 李旭旦先生的学术翻译及其反映的学术理念[J]. 地理研究,2013(7):1364—1374.

陶李春,魏向清,刘润泽. 西方译学术语的汉译现状与思考[J]. 外语教学理论与实践, 2016(4): 78—83.

屠国元,汪璧辉. 翻译模因"重译"与"复译"演变考:中国译学术语建设之思考[J]. 外语教学, 2014 (1): 94—97.

汪榕培,王宏. 中国典籍英译[M]. 上海:上海外语教育出版社,2009.

王东风. 理论与实践的关系是互动的[J]. 上海科技翻译,2003(1):7—8.

王宏. Translation Studies 能否一词两译——质疑"国外翻译研究丛书"书名翻译[J]. 上海翻译, 2006 (4):64—65.

王敬慧. 库切作品书名寓意与汉译研究[J]. 山东外语教学, 2018(2): 69—77.

王玲. 二语习得研究与语言教学的界面研究——评《二语习得视角下的语言教学探索》[J]. 教育发展研究,2017(Z2):128.

王路. 汉译哲学的翻译与理解[J]. 西北师大学报(社会科学版),2020(1):5—13.

王祥兵,穆雷. 学术著作翻译的理想模式——以赵文静中译本《翻译与冲突:叙事性阐释》为例[J]. 中国翻译,2013(4):

79—82.

王晓真. 理性看待跨学科研究热潮[N]. 中国社会科学报,2020-4-24. https://baijiahao.baidu.com/s?id=1664815472710384765&wfr=spider&for=pc.

王续琨. 交叉学科、交叉科学及其在科学体系中的地位[J]. 自然辩证法研究, 2000(1): 43—47.

王续琨. 安全科学: 一个新兴的交叉学科门类[J]. 科学学研究, 2002(4): 367—372.

王续琨. 设计科学在中国:发展概观和学科体系[J]. 大连理工大学学报(社会科学版), 2011(4): 131—136.

王续琨. 交叉学科创生的形态关系模式——以管理科学学科为例[J]. 河南师范大学学报(哲学社会科学版), 2011(6): 23—27.

王续琨. 交叉学科创生的形态关系模式[J]. 管理科学, 2012(5): 23—27.

王续琨,常东旭. 远缘跨学科研究与交叉科学的发展[J]. 浙江社会科学, 2009(1): 16—21,125.

王尧,郭甜. 书籍装帧设计中的汉字艺术——从《亚洲的书籍、文字与设计:杉浦康平与亚洲同人的对话》谈起[J]. 现代出版, 2016(6):57—59.

王占军. 何谓学科:学科性与跨学科性的争论[J]. 学位与研究生教育,2017(11): 34—38.

魏巍,刘仲林. 我国人文社科类跨学科研究资助体系之现状与对策研究:以教育部人文社科交叉学科/综合研究项目为例[J]. 社会科学管理与评论, 2013(1): 26—31, 111.

魏向清. 从"中华思想文化术语"英译看文化术语翻译的实践理性及其有效性原则[J]. 外语研究, 2018(3): 66—71, 111—112.

魏向清,杨平. 中国特色话语对外传播与术语翻译标准化[J]. 中国翻译,2019(1):91—97.

吴茯弘,傅敬民. 国外翻译研究学术著作的汉译问题[J]. 中国外语,2019(3):90—96.
吴光华. 英汉科技大辞典[Z]. 上海:上海交通大学出版社,1999.
吴庆海. 野中郁次郎的"知识创造"[J]. 企业管理,2017(5):18—21.
吴文安. 学术翻译之难——以本雅明《译者的任务》选段为例[J]. 中国翻译,2014(3):121—125.
夏燕靖. 中国设计艺术史(升级版)[M]. 上海:上海人民美术出版社,2019.
肖超. 翻译出版与学术传播——商务印书馆地理学译著出版史[M]. 北京:商务印书馆,2016.
谢姬,等. 世界现代艺术史[M]. 成都:西南交通大学出版社,2016.
谢冉,张兄武. 重构跨学科研究评估[J]. 高教发展与评估,2018(4):19—26,104.
熊露士. 从围绕《静夜思》的争论看阅读的误区[J]. 古典文学知识,2007(5):110—114.
徐德荣,江建利. 儿童文学经典复译研究:以《爱丽丝漫游奇境记》为例[J]. 中国海洋大学学报(社会科学版),2012(6):100—105.
徐国栋. 论西塞罗的 *De Re publica* 的汉译书名——是《论宪法》还是《论国家》或《论共和国》[J]. 甘肃社会科学,2014(2):121—125.
徐海涛,等. 工程伦理[M]. 北京:电子工业出版社,2020.
徐江. 知识图谱视角下的设计元研究管窥[J]. 装饰,2019(10):46—51.
徐梦莹,周杰. 在线合作翻译模式在 MTI 笔译专业培养中的应用研究[J]. 中国教育学刊,2018(S1):124—126.
徐然. 术语自动提取工具在口译译前准备中的应用与效果研究[J]. 上海翻译,2020(3):56—61.
许钧. 重复·超越——名著复译现象剖析[J]. 中国翻译,1994(3):2—5.
许钧. 译事探索与译学思考[M]. 北京:外语教学与研究出版

社,2002.

许钧. 关于外语学科翻译成果认定的几个问题[J]. 中国翻译, 2017 (2):5—11.

许先文. 话语语言学视角下的科学名著重译和复译[J]. 江苏社会科学, 2010 (2): 183—188.

许余龙. 对比语言学[M]. 上海:上海外语教育出版社,2002.

许渊冲. 再谈"意美、音美、形美"[J]. 外语学刊,1983(4): 68—75.

许渊冲. 实践第一理论第二[J]. 上海科技翻译,2003(1):2.

许渊冲. 翻译的艺术[M]. 北京:五洲传播出版社,2006.

闫健. 从《非洲政治导论》中译本看国内学术翻译的现状[J]. 国外理论动态,2016(1):137—143.

杨国荣. 存在与生成:以"事"观之[J]. 哲学研究,2019(4): 42—51.

杨宏云,包振宇.《国富论》当代复译版本批评研究[J]. 江海学刊, 2013(6): 210—214.

杨连瑞,戴月,李绍鹏. 国外二语习得界面研究[J]. 中国外语, 2013(5):56—63.

杨玲. 基于语料库的英汉状态变化动词语义-句法界面比较研究[J]. 外国语(上海外国语大学学报), 2017(3):52—60.

杨小丽,雷庆. 跨学科发展及演变探讨[J]. 学位与研究生教育, 2018(4): 54—59.

杨自俭. 试谈翻译理论与实践关系的几个问题[J]. 上海科技翻译, 2003(4): 1—2.

杨自俭. 关于翻译教学的几个问题[J]. 上海翻译, 2006(3): 36—40.

叶春蕾. 基于 Web of Science 学科分类的主题研究领域跨学科态势分析方法研究[J]. 图书情报工作, 2018(2): 127—134.

叶艳. 基于四个英译本的《周易》复译动因研究[J]. 周易研究, 2016 (3): 88—96.

尹洪山,国辉,杨萍萍. 英语存现结构习得中的非宾格制约——基于句法语义界面的研究[J].西安外国语大学学报,2018(2):34—39.

游达明,王美媛.界面管理研究动向及未来展望[J].科技进步与对策,2014(11):152—156.

袁品荣.译书名忌浮躁[J].上海科技翻译,2000(3):50—51.

曾智,申俊龙.基于中医隐性知识特征的临床实践性教学思考[J].价值工程,2014(20):267—268.

曾智,申俊龙.中医隐性知识的特征及其形成缘由研究[J].医学与哲学,2019(5):77—80.

张彬,王大洲.人工制品现象学:一个新的分析框架[J].哲学研究,2015(6):113—119.

张昊臣.视差中的城市:位置媒介与场所营造[J].建筑学报,2020(6):101—107.

张经浩.没有理论的实践是盲目的实践吗?[J].上海科技翻译,2003(1):6—7.

张逵.英汉元语言否定对比刍议[J].山西师大学报(社会科学版),1996(1):87—89.

张立华.原生态的《静夜思》没有"明月"吗?[N].解放日报,2018-04-24(012).

张琳海.酒香也怕巷子深[J].编辑学刊,2018(5):69—72.

张凌浩.符号学产品设计方法[M].北京:中国建筑工业出版社,2011.

张鸣明,刘鸣.循证医学的概念和起源[J].中国胸心血管外科临床杂志,1998(3):1.

张绍杰."语法-语用界面研究"专栏主持人语[J].外语与外语教学,2018(6):1.

张炜,钟雨婷.亚琛工业大学的跨学科战略实践及其变革[J].高等工程教育研究,2017(5):120—124.

张亚权.论学术翻译的文献回译——以梅尔清《清初扬州文化》中译本为例[J].南京大学学报(哲学.人文科学.社会科学版),2005(3):128—136.

章成志,吴小兰. 跨学科研究综述[J]. 情报学报,2017(5):523—535.

章国军. 名著复译“误读进化论”:以《孙子兵法》复译为例[J]. 外语教学, 2013 (3): 105—108.

赵纪军. 反思“制造”[J]. 新建筑,2010(2): 6—9.

赵旻燕. 元语言否定歧义说商榷——对以“不”为否定载体的汉语元语言否定的考察[J]. 东北师范大学学报(哲学社会科学版), 2010(5): 98—100.

赵农. 中国艺术设计史[M]. 西安:陕西人民美术出版社,2005.

赵晓春,刘仲林. 人文社会科学部类交叉学科发生状况的计量分析[J]. 自然辩证法研究, 2009(3): 77—81.

赵甄陶. 李白《静夜思》英译赏析[J]. 外语教学与研究,1986(4): 15—18.

郑诗鼎. 论复译研究[J]. 中国翻译, 1999(2):43—47.

郑述谱. 术语翻译及其对策[J]. 外语学刊,2012(5):102—105.

郑作龙,等. 行动视域下隐性知识探析——基于波兰尼视角和“行动的体现”理论的考究[J]. 科学学研究, 2013 (10): 1453—1458.

郑作龙,朱凤青,孟庆伟,黄富强. 行动视域下隐性知识探析——基于波兰尼视角和“行动的体现”理论的考究[J]. 科学学研究, 2013(10):1453—1458.

周方衡. 李白《静夜思》的三种英译本述评[J]. 绍兴文理学院学报, 2016(10):70—73.

周坤. “国宝”宣纸:墨韵万变 唯匠心永恒[N]. 中国青年网,2020 - 05 - 16.

朱灵慧. 西方译论术语之名与实[J]. 武汉大学学报(人文科学版), 2011 (6): 57—61.

朱树飏. 谈谈文学书名、文名的汉译[J]. 中国翻译,1985(7):13—16,39.

3DTotal. com 公司. 概念艺术家的 30 堂视觉表现课:色彩 · 光影 · 构图 · 解剖 · 透视 · 景深[M]. 叶姗,译. 北京:中国青年出版社,2015.

X-Knowledge. 建筑师的智慧与哲学[M]. 周元峰,付珊珊,译. 北京:中国建筑工业出版社,2018.

Almotahari, M. Metalinguistic negation and metaphysical affirmation [J]. *Philosophical Studies*, 2014(3): 497-517.

Baker, M. & Saldanha, G. *Routledge Encyclopedia of Translation Studies* (2nd Edition) [M]. Abingdon: Routledge, 2009.

Bettiol, M. & Micelli, S. The hidden side of design: The relevance of artisanship [J]. *Design Issues*, 2014(1): 7-18.

Bianchin, Matteo & Heylighen, Ann. Just design[J]. *Design Studies*, 2018, 54: 1-22.

Bremner, C. & Rodgers, P. Design without discipline [J]. *Design Issues*, 2013(3): 4-13.

Burton-Roberts, N. Presupposition-cancellation and metalinguistic negation: A reply to Carston [J]. *Journal of Linguistics*, 1999(2): 347-364.

Carston, R. & Noh, Eun-Ju. A truth-functional account of metalinguistic negation, with evidence from Korean [J]. *Language Sciences*, 1996 (1):485-504.

Carston, R. Metalinguistic negation and echoic use [J]. *Journal of Pragmatics*, 1996(3):309-330.

Chapman, S. Some observations on metalinguistic negation [J]. *Journal of Linguistics*, 1996(2):387-402.

Crabbe, A. Reconsidering the form and function relationship in artificial objects [J]. *Design Issues*, 2013(4): 1-12.

Cross, N. Designerly ways of knowing: Design discipline versus design science [J]. *Design Issues*, 2001(3): 49-55.

Cugueró-Escofet, N. & Rosanas, J. M. The just design and use of management control systems as requirements for goal congruence [J]. *Management Accounting Research*, 2013(1): 23-40.

Dombrowski, L. Socially just design and engendering social change [J].

Interactions, 2017(4): 63 - 65.

Edwards, Elizabeth. Planting and tending digital-nature hybrids in a walled kitchen garden [J]. *Design Issues*, 2017(3): 65 - 78.

Gass, M. S. Second language acquisition: Crossdisciplinary perspectives (Editorial) [J]. *Second Language Research*, 1993(2): 95 - 98.

Gile, D. Translation research vs. interpreting research: Kinship, differences and prospects for partnership [A]. In Schäffner, C. (ed.), *Translation Research and Interpreting Research: Traditions, Gaps and Synergies* [C]. Clevedon: Multilingual Matters, 2004, 10 - 34.

Horn, L. R. Metalinguistic negation and pragmatic ambiguity [J]. *Language*, 1985(61): 121 - 174.

https://baijiahao. baidu. com/s? id = 1666816857020146409&wfr = spider&for = pc.

Ihde, D. *Technology and the Lifeworld: From Garden to Earth* [M]. The Indiana Series in the Philosophy of Technology. Bloomington: Indiana University Press, 1990.

Ilhan, A. O. Growth of undergraduate education in design in the United States, 1988 - 2012 [J]. *Design Issues*, 2017(4):17 - 29.

Iwata, S. Some extensions of the echoic analysis of metalinguistic negation [J]. *Lingua*, 1998(1): 49 - 65.

Jewkes, Yvonne. Just design: Healthy prisons and the architecture of hope [J]. *Australian & New Zealand Journal of Criminology* (Sage Publications Ltd.), 2018(3): 319 - 338.

Khalifa, A. The hidden violence of retranslation: Mahfouz's Awlād āratinā in English [J]. *The Translator*, 2020(2): 145 - 162.

Klein, J. T. *Creating Interdisciplinary Campus Cultures: A Model for Strength and Sustainability*[M]. San Francisco: Jossey-Bass, 2010.

Klein, J. T. *Interdisciplinarity: History, Theory, and Practice* [M]. Detroit: Wayne State University Press, 1991.

Koskinen, K. & Paloposki, O. Anxieties of influence: The voice of the first translator in retranslation [J]. *Target-International Journal of Translation Studies*, 2015(1): 25 – 39.

Koskinen, K. & Paloposki, O. Retranslations in the age of digital reproduction [J]. *Cadernos de Tradução*, 2003(11): 19 – 38.

Loukissas, Y. A. & Mindell, D. Visual Apollo: A graphical exploration of computer-human relationships [J]. *Design Issues*, 2014(2): 4 – 16.

Moeschler, J. A set of semantic and pragmatic criteria for descriptive vs. metalinguistic negation [J]. *Glossa: A Journal of General Linguistics*, 2018(1):1 – 30.

Mughazy, M. Metalinguistic negation and truth functions [J]. *Journal of Pragmatics*, 2003(8):1143 – 1160.

Munday, J. *Introducing Translation Studies: Theories and Applications* (Fourth Edition)[M]. London and New York: Routledge, 2016.

Nida, E. A. & Taber, C. R. *The Theory and Practice of Translation* [M]. Leiden: E. J. Brill, 1969.

Nida, E. A. *Language and Culture: Contexts in Translating* [M]. Shanghai: Shanghai Foreign Language Education Press, 2001.

Nida, E. A. *Toward a Science of Translating* [M]. Leiden: E. J. Brill, 1964.

Nimkulrat, Nithikul & Matthews, Janette. Ways of being strands: Cross-disciplinary collaboration using craft and mathematics [J]. *Design Issues*, 2017(4): 59 – 72.

Noh, Eun-Ju, et al. Processing metalinguistic negation: Evidence from eye-tracking experiments [J]. *Journal of Pragmatics*, 2013, 1 – 18.

Norman, O. A. & Verganti, R. Incremental and radical innovation: Design research vs. technology and meaning change [J]. *Design Issues*, 2014(1): 78 – 96.

OECD. *Interdisciplinarity: Problems of Teaching and Research in Universities* [M]. Paris: OECD Publications, 1972.

Peterlin, A. P. Self-translation of academic discourse: The attitudes and experiences of authors-translators [J]. *Perspectives: Studies in*

Translatology, 2019, 27(6): 846 - 860.

Polanyi, M. The logic of tacit inference [J]. *Philosophy*, 1966(155): 1 - 18.

Pym, A. *Method in Translation History* [M]. Manchester: St. Jerome, 1998.

Rams, D., et al. The Munich design charter [J]. *Design Issues*, 1991(1): 74 - 77.

Roberts, Lucienne. *Good: An Introduction to Ethics in Graphic Design* [M]. Lavergen: AVA Publishing, 2006.

Sager, J. C. *A Practical Course in Terminology Processing* [M]. Amsterdam & Philadelphia: John Benjamins, 1990.

Sarkar, P. & Chakrabarti, A. A support for protocol analysis for design research [J]. *Design Issues*, 2013(4): 70 - 81.

Secomandi, F. & Snelders, D. Interface design in services: A postphenomenological approach [J]. *Design Issues*, 2013(1): 3 - 13.

Sennett, R. *The Craftsman* [M]. New Haven: Yale University Press, 2008.

Skjerven, Astrid. Design without borders: Ideologies, realities, and results [J]. *Design Issues*, 2017(1): 17 - 29.

Taylor, Alex. What lines, rats, and sheep can tell us [J]. *Design Issues*, 2017(3): 25 - 36.

Venuti, L. Retranslations: The creation of value [J]. *Bucknell Review*, 2003(1): 25 - 38.

Walker, J. A. *Design History and the History of Design* [M]. London: Pluto Press, 1990.

Wilson, J. Metalinguistic negation and textual aspects of political discourse [J]. *Belgian Journal of Linguistics*, 1997(1): 69 - 88.

Xiang, R. D. First translation and retranslation in the historical, social and cultural context: A case study of two Chinese versions of *Tess of the D'Urbervilles* [J]. *Babel*, 2012(4): 457 - 470.

Xu, M. & Tian, C. Commercial considerations: A reason for retranslating—an exploration of the retranslation boom in the 1990s

Mainland China [J]. *Across Languages and Cultures*, 2014(2): 243 - 259.

Zdanys, J. Teaching translation: Some notes toward a course structure [J]. *Translation Review*, 1987, 23: 9 - 11.

后　记

从最初的策划到最后完稿，这本书前前后后经历了六年之久。尽管终于完稿了，然而总觉得意犹未尽。

2012 年，作者有幸结识了江南大学从海外引进的设计学院院长辛向阳教授，并且成为其领衔的设计哲学研究团队成员之一。辛向阳教授是美国卡耐基梅隆大学设计哲学博士，是少数在美国获得设计哲学博士学位、首个回到内地的华人学者。2007 年，他在香港理工大学创办了中国首个交互设计专业。他宽广的全球视野和精深的学识素养为我们选择“翻译谁”的问题提供了比较可靠的答案；他博大的胸怀也为我们长久而愉快的合作提供了前提、基础和保障。2013 年，团队与美国麻省理工学院《设计问题》（*Design Issues*）杂志签署合作协议，将该杂志中的重要论文翻译成中文，陆续在国内清华大学出版社等权威出版社集辑出版。值得一提的是，《设计问题》杂志是美国首部专门刊登设计理论、设计批评、设计历史等方面地最新研究成果的学术刊物。该杂志创办于 1984 年，是世界工业设计领域的三大权威期刊之一。

大家知道，设计学是江南大学的传统优势学科。在设计学领域，素有“北有清华（原中央工艺美院），南有江南（原无锡轻工业大学）”的赞誉。记得 2015 年，译学泰斗许钧教授应邀来江南大学讲学，交流环节有老师提问：“江南大学的老师该如何开展翻译学研究？”许教授指出的一条路就是：冷静分析一下江南大学有没有我们翻译人可以合作的强势学科，选择错位发展路径，开展相关翻译实践和研究。许教授的这一席话更加坚定了我自己几年前悄悄做出的抉择——与设计学精英合作。在此，笔者要诚挚地感谢许钧教授。

然而，翻译之初，不知多少次，笔者有过潸然泪下的刹那，一时间有过知难而退的念头，因为翻译对象的专业内容和元语言是一道不易逾越的障碍。每每在这样的时候,爱妻丁锡芬女士总能猜出我的心思,她不时地为我加油打气,让我最终拼出了一条可以走下去的学术之路。在此衷心感谢爱妻及时雨般的鼓励和无微不至的照顾。

迄今,我们已经完成了七部设计学术译著。2020 年,译著《设计问题(第二辑)》荣获第八届高等学校科学研究优秀成果奖(人文社会科学),破天荒地取得了江南大学外国语学院有史以来的首个国家级人文社会科学优秀成果奖。这对我们的工作既是充分的肯定,也是莫大的鼓舞,更是更上一层楼的鞭策。我们默默地为自己打气加油,期待有更多的译著和研究成果问世,为世界设计思想交流做出更多贡献。

在设计学术翻译过程中,我们时常惊奇地发现设计学与翻译学之间的种种相似性,偶有从设计学视阈反观翻译学中一些问题的冲动,但是迄今鲜见这种跨学科的研究,多有一种力不从心的感觉。从设计对象来看,设计涵盖产品设计、服务设计、平面设计、服装设计、室内设计、展览设计、环境设计、健康设计等众多领域,可谓包罗万象,一切皆设计;在研究方法上,设计学体现出多学科性、跨学科性和超学科性的特征,涉及工程学、艺术学、哲学、人类学、伦理学、心理学、社会学、经济学、管理学、符号学、语言学等不同学科领域。以语言学和符号学为例,设计学元研究中的高被引学者的著作,如韩礼德的《作为社会符号的语言》(*Language as Social Semiotic*)、克莱斯的《解读图像:视觉传达设计语法》(*Reading Images: The Grammar of Visual Design*)等,都充分诠释了设计学与语言学及符号学之间的交集,以及从设计学视阈反观翻译学这种跨学科研究的可能性。在完成了《设计问题》杂志 60 多篇学术论文翻译,并对大陆及台湾地区出版的设计学术译著进行梳理之后,我们的研究思路更加清晰,进一步完善了完成这部著作的路线图。考虑到内在的逻辑关系,我们将这部著作的内容分成两大部分:一是设计学术翻译;二是设计学之于翻译学的启迪。

当然,由于时间关系,这部著作还有很多本该涉及但尚未涉及的话题。例如,想象力在设计理念和创意生发过程中发挥着重要的作用,但是想象力却很少成为设计的研究课题。事实上,我们可以把想象力作为研究设计中意义建构的一种手段加以研究。翻译研究亦是如此。迄今为止,国内尚未发现以翻译为出发点研究想象力的研究课题,有关想象力的研究主要集中在教育、文学、音乐舞蹈、影视剧艺术、美术、书法、雕塑、摄影等领域。然而,泰特勒的翻译三原则也清晰地告诉我们,相比于忠实于原文的思想和反映原文的风格及行文笔调特点,要保证译文像原创作品一样流畅,这是最难的。早在 1970 年 5 月在纽约世界文学翻译大会上通过的《翻译宣言》就已经指出,翻译除了忠实地传达原文的意义之外,还“必须充分调动自己的聪明才智和想象力,在译文中再现原文的节奏、音韵、结构和风格”(区鉷,1992:17)。换言之,翻译要再现原文的韵律节奏和风格特征,需要译者具有很强的想象能力。正如直觉主义美学所指出的那样,想象赋予万物以神性。

> 直觉主义美学与柏拉图美学思想的共同之处是把艺术创作归于神秘。直觉主义美学同样认为体验类似一种“神秘存在”,它能打开万物并能通过想象赋予万物以神性,为无生命的万物赋予生命,为无感情的富于感情,从而激活万物。(吕俊、侯向群,2006:56)

许渊冲(2006:155)曾以他翻译的英国 17 世纪诗人德莱顿的戏剧《一切为了爱情》的一段文字为例,说明受制于原文的形式的硬译和不顾原文形式的过度自由译的区别。在茅盾看来,既要克服机械地对原文语法和词汇进行亦步亦趋的硬译,又要防范完全不顾原文语法和词汇结构的翻译,我们需要在这两者之间求得平衡。如何才能求得平衡呢?这其中的关键要素之一就是“想象”,想象力是摆脱原文形式结构的利器。可见,想象力在翻译中的作用机制等问题都有待我们进一步探讨。

值此付梓之际,衷心感谢苏州大学出版社汤定军先生的耐心等待、大力支持和热心帮助。

最后,由于作者的时间和水平有限,书中难免存在不足之处,恳请读者批评指正,不吝赐教。

这部著作是上海外国语大学教材研究院外语教材研究项目“《轻工学术翻译》教材建设研究”(项目编号:2020JS0071-YBK)、江苏省研究生教育教学改革重点课题“研究生国际学术话语建构能力培养模式和途径研究与实践”（项目编号：JGZZ18_046）及江南大学2019年本科教育教学改革研究重点项目“《轻工翻译》教材建设研究”（项目编号：JG2019087）的阶段研究成果，特此标注。

孙志祥

2021年4月于江南大学